財務省、偽りの代償

国家財政は破綻しない

髙橋洋一
Yoichi Takahashi

JN099734

目次

帯写真／難波雄史
構成／岡田光雄、大根田康介

序章　矢野論文の評価はゼロ点

財政破綻を煽る矢野財務次官との因縁

財務官僚の矢野康治氏が２０２１年7月、財務事務次官に就任した。その直後、『文藝春秋』11月号に、新型コロナウイルスの経済対策にまつわる政策論争を「バラマキ合戦」と批判する論文を掲載した。

これは前年の20年に、安倍晋三内閣において実施された、日本に住民基本台帳がある世帯主に一人10万円の現金を給付するという「特別定額給付金」に端を発する。支給対象は全国民で、財源の約12兆８８００億円は国が全額負担した。

このとき水面下では岸田文雄自民党政調会長（当時）が安倍首相に対して、現金の必要性とそれが国民の安心につながることを伝え、一律現金給付の流れをつくったとされる。

一方で、麻生太郎財務大臣（当時）はリーマン・ショック後の09年に実施した「定額給付金」に触れ、「二度と同じ失敗はしたくない」と一律現金給付に反対していた。むろん、その裏には財務省の存在がある。

財務省は、10万円の特別定額給付金や中小企業向け持続化給付金といった現金給付には反対してきた。いわゆる「バラマキ」からの脱却が財政正常化に向けた第一歩だと信じているからだ。その急先鋒が矢野氏であり、いわゆる「ド緊縮派」だ。

矢野氏もご多分に漏れず、事務次官になる前の主計局長時代から、安倍氏の政策には反対していた。だから、事務次官になっても「10万円の定額給付金のようなかたちでお金をばらまいても、日本経済全体としては死蔵されるだけ」と批判した。「国家財政が破綻する」とまで訴えたが、これは完全に確信犯だ。

手続き論的にいうと、矢野氏は寄稿にあたって、麻生氏の了承を得ていたという話だ。だから麻生氏の後任で義理の弟でもある鈴木俊一財務大臣も「まあいいんじゃないの」と了解していたことだろう。だから、この件に関して矢野氏へのお咎めはおそらくない。

矢野氏もそれくらいは熟知しているから、きちんと事前に手続きをしていてお咎めがないように進めたはずだ。

仮に筆者が矢野氏の立場なら、岸田首相などにも全て根回ししてから行動する。もちろん、そうしなければ、一介の事務次官がこんな行動には移せない。

ここで矢野氏の経歴について簡単に説明すると、1962年生まれで山口県出身。85年に一橋大学経済学部を卒業後、大蔵省に入省した。小樽税務署長、国税庁長官官房総務課課長補佐、ハーバード大学国際問題研究所研究員を経て、主税局で課長補佐として消費税、所得税などを担当。2002年7月、主計局主計企画官で財政分析係などを担当し、07年

9月からは福田康夫内閣で町村信孝内閣官房長官秘書官を務めた。08年9月、次の麻生内閣でも河村建夫内閣官房長官秘書官となった。

09年9月からの民主党政権時代は、与謝野馨経済財政担当大臣兼社会保障と税の一体改革担当大臣とともに、消費税率を8％、10％と引き上げる三党合意の成立に貢献したといわれている。

12年8月に主税局総務課長となり、同年12月、第2次安倍内閣で菅義偉内閣官房長官秘書官となる。

そして19年7月、財務省主税局長に就任。一橋大学出身の局長としては、84年に矢澤富太郎氏が関税局長に就任して以来35年ぶりだった。20年7月には主計局長となり、21年7月、同大学出身者では初めて財務次官となった。

だいたいどの世代も、同期入省で一橋大学出身者というのは一人くらいしかいない。だから、矢野氏の出世はすごく珍しいケースだ。

寄稿のなかで、「脱炭素技術の研究・開発基金を1兆円から2兆円にせよという菅前首相に対して、私（矢野氏）が『2兆円にするにしても、赤字国債によってではなく、地球温暖化対策税を充てるべき』と食い下がろうとしたところ、厳しくお叱りを受け一蹴されたと新聞に書かれたことがありました。あれは実際に起きた事実です」という逸話が出てくる。

脱炭素技術の研究・開発基金というのは、菅前首相と経済産業省が20年12月に発表した、脱炭素社会の実現に向けて企業の研究開発を支援する2兆円の「グリーンイノベーション基金」のことだ。

配分対象は「グリーン電力」「エネルギー構造転換」「産業構造転換」の3分野で、洋上風力発電の低コスト化、次世代型太陽電池の開発、大規模水素サプライチェーンの構築、食料・農林水産業のCO_2削減・吸収技術の開発など18事業で脱炭素を進めるプロジェクトを支援するのが基金の目的だ。

その基金を1兆円規模にするか、2兆円規模にするかという議論をしていた当時、財務省のカウンター（菅政権側）にいたのが筆者だった。

筆者は、「研究開発は将来への投資だから財源は国債で十分だ」と菅氏にはっきり伝えた。矢野氏はこれにすごく抵抗して、地球温暖化対策税という増税案を持ち出してきた。

将来への投資の財源は国債か、それとも税金か――どちらが正しかったのかは、菅前首相の対応でわかるだろう。結局、グリーンイノベーション基金は国債で賄われた。

財務省発表の歳出と税収の差

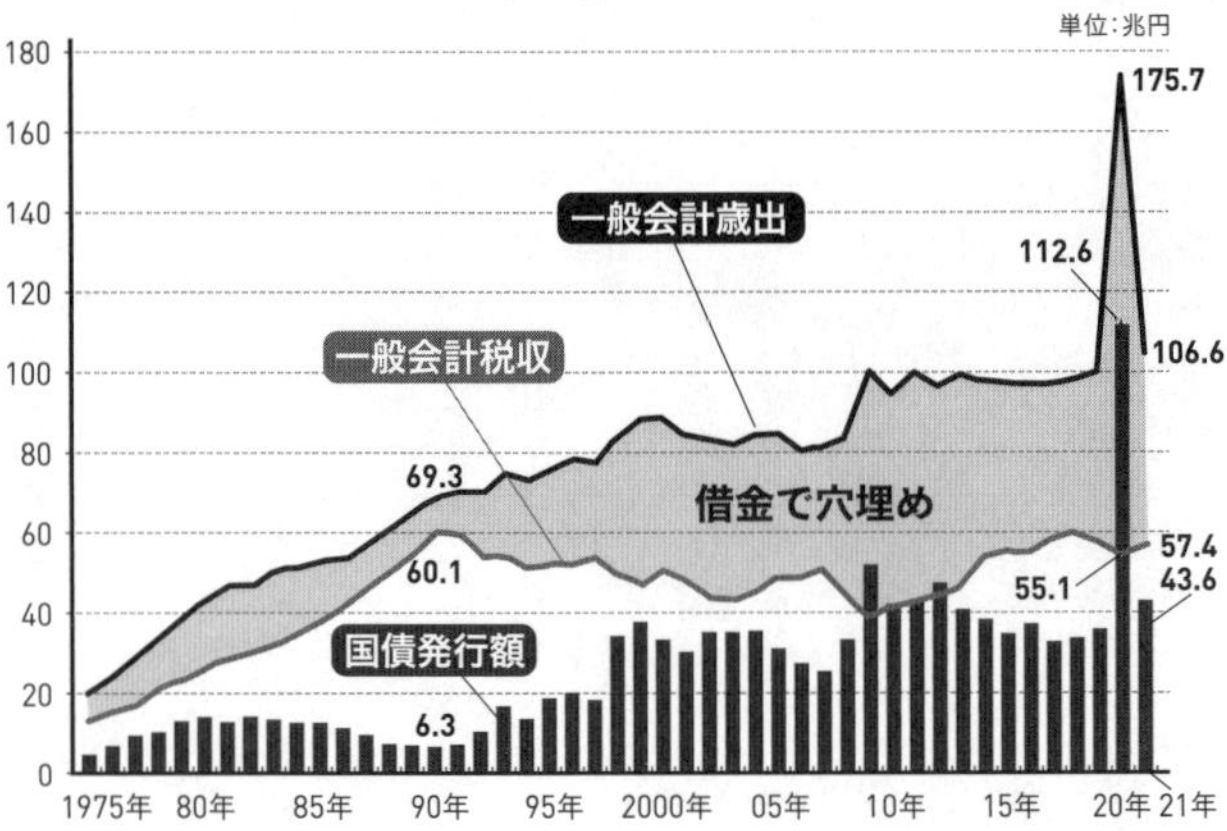

財務省資料より

　この一件で、どうやら矢野氏は筆者に何か変な恨みを抱いているようだ。

　実は、私は矢野氏について特別な思いはないが、外野からは前から因縁があったように見えるらしい。

　時は05年にさかのぼる。矢野氏は『決断！　待ったなしの日本財政危機―平成の子どもたちの未来のために』（東信堂）というタイトルの、日本の財政危機に関する著書を世に出した。

　このなかで、日本の財政において、一般会計の歳出・歳入の推移をグラフで提示し、歳出総額が増加し、税収が減少しているという折れ線グラフの開き具合を「ワニの口」にたとえた。現在、財務省のホームページにも、その説明が掲載されている。

これまで歳出は一貫して伸び続けている一方、税収はバブル経済が崩壊した1990年度を境に伸び悩み、その差はワニの口のように開いた。また、その差は借金である公債の発行で穴埋めされてきた。足元では、新型コロナウイルス感染症への対応のため歳出が拡大している。そのような財務省の説明だ。

筆者は小泉純一郎政権にいたとき、「新規国債を30兆円発行しても大したことはない」と言いまくった。財源である税金がなければ、「実は財務省には埋蔵金があるからそれを出せばいい」と暴露したのだ。

そこで財務省が腹を立てて、財政危機を煽るため、すぐに矢野氏にワニの口の本を書かせた。それが2005年のことだ。そのときからずっと矢野氏と筆者との間に因縁があるかのように、外野は騒ぐ。

このワニの口というのは、一般会計の歳出・歳入だけで論じている。

国の会計は一般会計以外にも、特別会計がたくさんある。それが矢野氏の議論では、フローの段階から全部合わせていない。だから筆者としては、それを全部合わせたものでストックのバランスシート（BS）を作り、債務（借金）だけではなく資産も見なくてはいけないというのが会計学の基本であるといっているにすぎない。

この議論は筆者の勝ちだ。BSの話をしているのに、一部の借金だけをピックアップして「金利が上昇したら大変だ」と騒ぐが、それだけ資産もたくさんあるのだ。だから金利が多少上がったとしても、BS上は大した問題ではない。

矢野氏がド緊縮派だったから、菅前首相は筆者を内閣官房参与（経済・財政政策担当）に入れてバランスを取っていた。

安倍元首相と菅前首相はとてもフェアな人で、財政についての話題がのぼれば、矢野氏のようなド緊縮派の話もきちんと聞くし、筆者のような立場の人間も呼ぶ。その上で公平に物事を決めていた。

財務官僚は基本的に「政治家は無駄遣いしており、それを俺たちがこらしめないといけない。政治家よりも俺たちのほうが頭がいいから、きちんとやってやる」という立場だ。だから政治家は全員、財務官僚に小馬鹿にされている。

といって、彼らの頭脳が優れているのかというとそういうわけでもない。

財務官僚の会計学と金融工学の知見は、筆者が採点すれば両方ともゼロ点だ。だから「君たちは何もわかってないんだよ」というのを、データを駆使しながら伝えているわけだ。

財政論の立場でも、筆者は絶対に議論では負けない。新規国債についても、ずっと以前から議論している。それがこれまで表に出てこなかっただけだ。

今回、矢野寄稿でこれだけ表面化したから面白い状況になった。矢野氏に「筆者と表舞台で議論しよう」と言ったら、どう返答してくるのだろうか。

矢野寄稿については、岸田首相も納得の上だろう。だから矢野氏は何の責任も問われない。自民党のなかにも、こういうド緊縮派の意見に拍手する人はいると思う。

菅氏が首相だったときにこの寄稿を出さなかったのは、筆者がすぐに反論することがわかっていたからだろう。

岸田首相はこんなことを許していたら、官僚みんなから馬鹿にされることにつながってしまう。

岸田総理が矢野財務次官を更迭できない理由

普通、勝手に財務官僚が文藝春秋のような雑誌で政策に対して個人的見解を述べるようなことをすれば、どんなリアクションがあるかくらい、全て先が読める。

責任を問われないよう事前に重要な人たちに根回しすることを、財務官僚の仲間内では「要路をしっかり確保する」という言い方をする。財務省は、そういうことを組織だってきちんとする役所だ。

矢野氏の『文藝春秋』の寄稿を見ると、本人の人物写真などが掲載されている。だから、これはもう確実に「要路をしっかり確保しているのだな」と感じた。少なくとも矢野氏の個人的意見の表明などではない。あくまでも個人の意見だからどうのこうのという話もあるが、あの寄稿は関係各所（麻生前財務大臣や鈴木財務大臣）への根回しの結果だろう。

実は、岸田政権は財務省と非常に縁が深い。だから筆者の直感では、岸田首相にも根回しをしている。もししていないのなら、こういうことは起こり得ない。だから岸田首相は、この寄稿が出たあとも「いろいろな議論があっていい」「矢野次官の処分は全く考えていない」などと歯切れが悪かった。

松野博一官房長官も岸田首相と同様の意見だ。山際大志郎経済再生担当大臣には根回しはなかったかもしれないが、「個人の意見だからいい」と鈴木大臣と同じようなことを言っている。

面白い反応をしたのは閣僚ではない人、たとえば高市早苗自民党政調会長などは「大変失礼な言い方だ。基礎的な財政収支にこだわって本当に困っている人を助けない。子どもたちに投資しない。これほど馬鹿げた話はない」と批判していた。これはおそらく根回しをしていなかったのだろう。

公明党の竹内譲政調会長も「選挙中に決めつけるようなことをされたのは遺憾だ」「借金の大きさだけで言っているが、反対側にある資産については何も言っていない」と不快感をあらわにした。この人にも根回しはなく、事前に知らされていなかったのだろう。

根回しがあったかどうか、矢野氏がその政治家を「要路」として見ていたかどうかは、こうした政治家たちの反応を見ればすぐにわかる。

その意味では、安倍元首相の反応が面白い。「あの寄稿は間違っている」とはっきり言っているからだ。明解な反応だし、さすがだ。

この手の話をするときに、マスコミを含めてみんな「手続きが悪い」と手続き論にしか言及しない。寄稿の中身についてはろくに分析もしない。

しかし、安倍元首相だけは唯一、中身について反論して「間違っている」とはっきり言った。筆者も同じで、そもそも矢野氏の議論は中身が間違っている。

会計学でゼロ点、金融工学でもゼロ点なのだ。会計学の立場では、矢野氏は一般会計でしか見ておらず、おまけにBSの資産も見ていなくて債務だけの議論に終始しているからお話にならない。資産と負債を合わせて見ないといけないという意味でゼロ点だ。

また、日本が財政破綻する確率というのは、金融工学をもとに計算すると、今後5年以内に1%くらいだ。その程度の確率で簡単に「財政破綻する」などと言ってはいけない。そういう意味で、金融工学から見てもゼロ点なのだ。

しかし、矢野寄稿の内容に詳しく触れる人は経済界でも少ない。

経団連の十倉雅和会長は矢野氏の寄稿について、財政規律は堅持しなければいけないが、いまは財政出動が求められる局面だという見解を述べた。だが、矢野氏の行動については「一個人としてのもので、政府の見解ではない」とした。

経済同友会はもっとひどい。櫻田謙悟代表幹事は、矢野氏の寄稿に「100%賛成でファクトだと思う」と述べたのだ。

何とも恥ずかしい。会計学を全く理解できていないわけだから、企業経営もまともにできるはずがない。そのレベルの話なのだが、テレビなどマスコミもこうした意見に乗っかっている。日本の財務省、経済界は大馬鹿だというのを天下にさらすような話だ。

今回の件に限らず、財政に関する議論が起こったとき、いろいろな立場の人間の反応をしっかり観察しておいたほうがいい。その人間がどういう発言をするのか。具体的に中身についての議論ができず、手続き論だけをあげつらって、こうだと述べる人間は、本当に財政のことをわかっているのかとても怪しい。

政治家のなかにも根回しを受ける人、そうでない人がいる。岸田首相はおそらく根回しを受けているはずだから、矢野氏を更迭できない。一度OKを出してしまっているからだ。もしそうでなければ、安倍氏と同じようにはっきり間違いだと言うだろう。あんなゼロ点の原稿を寄せた人間を財務次官にするというだけで、たかが知れているというものだ。

それと同時に、矢野論文こそが財務省の主流の意見だということもわかる。

30年ほど前から、筆者はこうした主流の意見がおかしいと思っていた。フローの一部でしかない一般会計だけで見ており、全体のストックのBSすら作っていなかったからだ。だから15年ほど前、上司から「財政投融資改革を担当してくれ」と言われた際に、筆者は「財政のBSを作らせてほしい」ときちんと伝えた。「君しか財政投融資改革ができないからいいよ」と言われたからBSを作ってみたら、財務省の主張は全てウソだったことがわかったのだ。

そこで上司に「ウソだったんですね」と伝えたら、「黙っていろ」と言われた。だからこれまでずっと黙っていた。財務省は「これはやばい」と思って表に出さなかったのだろう。

だが、その後に、筆者は小泉政権に入ったとき「新規国債は30兆円くらいなら発行しても大したことない」と表立って述べた。それで財務省の関係者は大騒ぎし、小泉首相に「そんなことをしたら大変だ」と主張したが、筆者だけは「BSを見たら大したことはない」と反論していた。

時を同じくして、矢野氏がワニの口の著書を出した。それは筆者への対抗からだったのだろう。

筆者はずっと方針を曲げずに同じことを言ってきた。だからこそ、安倍元首相は今回も「矢野氏の寄稿は間違っている」と言い切ったのだろう。

だが、岸田首相には筆者の思いは届かなかったようだ。

残念ながら、最近、自民党内でこういう話もしたことがあるのだが、高市氏だけは理解していたものの、岸田首相やほかの議員は理解していなかった。

もっとも、矢野寄稿に対して高市氏がはっきり「間違っている」と言い切れなかったのは、会計学や金融工学の理解度にもよるのだろう。

何事も「完全に間違っている」と結論づけるのは大変だ。相当の専門知識がないとそこまでは言い切れない。だから普通の人にはそういう答えが出せない。ましてや「財務省の話だから」と思っているような人には、財務省と本気で議論して勝てる自信がない限り「財務省が間違っている」とは言えない。テレビのコメンテーターなどには到底無理だ。

矢野氏の寄稿は、官僚のやりたい放題という内閣の形を表しているともいえる。もっといえば、財務省の事務方トップが「会計学に無知識である」ということを世界に晒したというのがポイントだ。

いうなれば、財務省内ではこうした無知識からくる会計論がはびこっており、都合が悪いことを隠すためのウソがまかり通っているということが、白日の下にさらされたのである。

第1章　岸田政権下でのZの暗躍

財務省とつながりの深い岸田政権

２０２１年10月、それまでの菅政権に代わって岸田政権が誕生した。

これが財務省の増税路線をあと押しすることになる。

その理由は、岸田家の成り立ちを知ればわかる。

岸田家は、岸田文雄首相の祖父である岸田正記氏の代から政治家一家だった。

広島県の実業家の家系に生まれた正記氏は、京大法学部在学中に官僚の採用試験に合格したが、官僚にはならず不動産業を営んでいた。

１９２８年、33歳のときに地元の旧広島１区から衆議院議員に出馬して初当選を果たす。かたわらで百貨店店主として日本統治時代の大連や奉天で商売をしていた。

正記氏の息子・文武氏（岸田首相の父）は、キャリア官僚から政治家に転じた人物だった。

東大法学部卒業後、49年に商工省（現・経産省）に入省し、通産省大臣官房会計課長、資源エネルギー庁公益事業部長などを経て、74年に貿易局長、76年に中小企業庁長官を歴任して、78年に退官した。その妻で岸田首相の母は、元日東製粉の井口良二社長の次女、澄子氏だ。

岸田首相の家系図

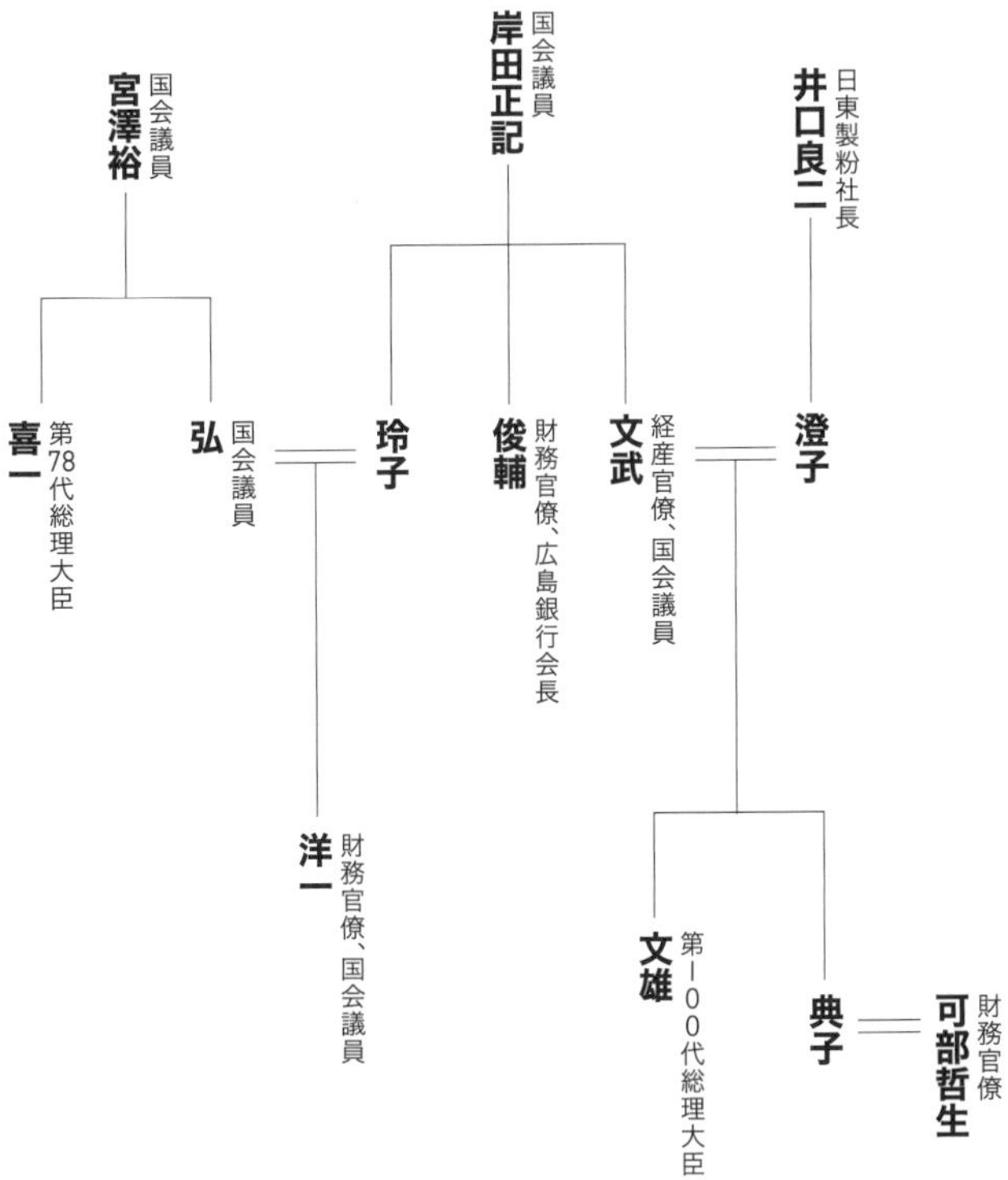

編集部で作成

文武氏の弟・俊輔氏は、岸田首相の叔父に当たる。大蔵省（現・財務省）で証券局長を務めるなどしたのち、広島銀行会長を経て同行相談役になった。

文武氏の妹・玲子氏は、宮澤喜一元首相の弟・弘氏に嫁いだ。

その息子が洋一氏。宮澤元首相の甥、岸田首相のいとこに当たる。洋一氏は東大法学部卒業後、74年に大蔵省入省しており、80年入省の筆者の先輩だ。一時期、一緒に勤めていた期間があり、洋一氏には何度も会ったことがある。

岸田首相の妹・典子氏の夫は、大蔵省キャリアの可部哲生氏だ。85年入省で、筆者とほぼ同年代だからよく知っている。ちなみに可部氏は矢野康治財務次官と同期入省組で、次官候補と目されていた一人だ。

可部氏は東大法学部卒業後、大蔵省に入り、２０１１年財務省主計局総務課長、15年主計局次長、18年理財局長などを経て、20年国税庁長官に就任。21年に退職している。

財務省で仕事するに当たってこうした閨閥を頭に入れておくのは当然だ。この程度の関係性を知らなければ、仕事にならない。財務省のキャリアなら全員が知っているというレベルの基礎知識だ。

岸田首相の自宅は東京都渋谷区にあるマンションで、そこは岸田家、宮澤家の親戚ばかりが住んでいた。

筆者がこのマンションに挨拶へ行くと、何人もの財務省の人間と出くわすことがあった。同じ建物のなかに複数の重要人物がいるのだから、同僚と偶然出会ってしまうこともある。宮澤首相の時代、大蔵省絡みの案件が発生するたびに洋一氏が呼ばれ、「(親戚一同に)説明しておく」の一言で済ませていた。

そういう家系だったから、筆者も喜一氏や洋一氏に何度も会ったことがあるし、幹部になったらみんなプライベートでも関係があるという感じだった。

財務官僚には、岸田首相のような閨閥を持っている人が多い。政治家の娘を妻にもらって姻戚関係ができるようなキャリアは多いから、この手の話を覚えておかないと大変だ。

新聞記者も政治部、とくに宏池会に張り付いて取材をしているような人なら、この手の話に少しは詳しいはずだ。だが率直に言うと、ちょっとやそっとの知識では財務官僚にはかなわない。主要人物との接触期間が全く違うからだ。

しかも、宏池会はしばらく政権に就いていなかったから、ずっと追いかけてきたという政治記者は少ないはずだ。30年間、冷や飯を食わされていた派閥の動向を追ったところで、政治記者も書く記事(メシの種)がなくて大変だからだ。

そのため、若手記者が宏池会の張り付きを希望するわけもなく、番記者の高齢化も進んでいることだろう。途中で派閥が分裂したこともあり、宏池会の番記者もいまの権力構造をよくわかっていない人が多いと思う。

財務省の化身「宏池会」の正体

宏池会というのは自由民主党の派閥で、1957年に池田勇人氏（広島県出身）により創設された。

その後、派閥のトップは前尾繁三郎氏（前尾派）、大平正芳氏（大平派）、鈴木善幸氏（鈴木派）、宮澤喜一氏（宮澤派）を経て加藤紘一氏（加藤派）へと受け継がれた。

しかし00年、第2次森喜朗内閣の打倒を目指して加藤紘一氏と山崎拓氏らが起こした「加藤の乱」により、加藤派と反加藤派に分裂。加藤派はその後、小里貞利氏（小里派）、谷垣禎一氏（谷垣派）と受け継がれ、反加藤派は堀内光雄氏（堀内派）から丹羽雄哉氏と古賀誠氏（丹羽・古賀派）、さらに古賀派へと受け継がれた。このとき、宏池会の名称で二つの派閥が並立するかたちとなった。

08年、谷垣派と古賀派が再合流し、その後は現在の宏池会の流れとなり、岸田文雄氏が会長に就いて岸田派となった。

宏池会は、総理大臣に池田勇人氏、大平正芳氏、鈴木善幸氏、宮澤喜一氏、そして岸田氏を輩出した。野党時代には河野洋平氏、谷垣禎一氏が自民党総裁となっており、自民党で保守本流かつ最古の派閥だ。

実は、宏池会は財務省人脈が多い派閥でもある。

鈴木氏を除く池田氏、前尾氏、大平氏、宮澤氏はいずれも大蔵官僚だ。だから大蔵省（財務省）から政治家になると原則、宏池会に属することになる。

逆にいえば、大蔵官僚（財務官僚）から見れば、宏池会というのは「俺たちの居場所」ということになる。

筆者が大蔵省に入ったときの上司も宏池会人脈の人だった。

その人は官邸で大平氏の補佐官をしていた。

大平氏は自身の政策目標として、内政では家庭基盤の充実を基本とする「日本型福祉社会の建設」、都市の活力と田園のゆとりの結合をめざす「田園都市国家構想の推進」を二本柱に据えていた。

田園都市国家構想とは、池田内閣の「所得倍増計画」、田中内閣の「日本列島改造論」などで日本が高度経済成長期を迎えた一方で、都市と地方の格差が生じており、「都市の持つ高い生産性や良質な情報と、田園の豊かな自然や潤いのある人間関係とを結合させ、健康でゆとりのある田園都市をつくる」（1979年1月の大平氏の施政方針演説）という構想だ。

大平氏は学者を動員してこうしたアイデアを生み出したが、当時は学者を使うこと自体がとても斬新な方法だった。

筆者も官僚になって3年目くらいのときに、その上司から「お前は学者みたいだから」という理由で、政策レポートの作成の手伝いに駆り出されたことがある。

大平氏は、筆者が大蔵省に入った直後の80年6月に亡くなってしまった。大平氏の地盤は、娘婿であり「森ピン」というあだ名で有名な森田一氏が引き継いだが、この人も大蔵官僚（57年入省）で筆者の先輩だった。

筆者が高松国税局観音寺税務署長になったとき、税務署の近くに大平氏の選挙事務所（のちに大平正芳記念館に改装）があった。事務所へ向かうと、森田氏が出迎えてくれた。その後、森田氏から誘いがあれば食事を共にした。

そうやって筆者は宏池会人脈とのつながりができていった。

宏池会に権力があったのは、宮澤首相時代の93年が最後で、それからおよそ30年間、派閥のトップが首相になることはなかった。そういう意味では、お家断絶のような状況になっていたともいえる。それが今回、岸田首相の登場で久方ぶりに宏池会が復権したというわけだ。

岸田首相は、派閥の大先輩である大平氏の田園都市国家構想を引き継ぎ、「デジタル田園都市国家構想」なる政策を掲げている。

これは４・４兆円を投入して、地域が抱える人口減少、高齢化、産業空洞化といった課題をデジタルの力を活用して解決するというもの。日本中で高速大容量のデジタルサービスを使えるようにして、世界最先端のデジタル基盤の上で、自動配送、ドローン宅配、遠隔医療、教育、防災、リモートワーク、スマート農業などのサービスを実装していくという構想だ。

ここに至るまでの背景を見ると、今回の岸田首相就任を財務官僚は「30年ぶりに我が世の春が来た」と喜んでいることだろう。

このように閨閥の予備知識があると、政権の見方も変わってくる。

財務官僚は、いまの政策にも深く関わっている。岸田首相の選挙対策に関わって入閣した人もいるが、そうでない人もいる。

とりわけ選挙対策で一生懸命だったのが、元大蔵官僚の山本幸三氏だった。

山本氏は伝統的な宏池会の人で、義父は元大蔵官僚で大蔵大臣を務めたこともある村山達雄氏だ。山本氏は村山氏の娘婿だったから宏池会に入ったという背景がある。

ほかにも、岸田政権で内閣官房副長官になった木原誠二氏も元大蔵官僚で、若くして宏池会に入り、ずっと岸田首相と仕事をしていた。内閣府特命担当大臣の小林鷹之氏も元大蔵官僚だ。厚生労働大臣の後藤茂之氏も元大蔵官僚で、筆者と同期入省だったが、途中で民主党に行ってしまったから現在は自民党の無派閥だ。とはいえ、基本的に財務省側の人間だ。

要所要所にこういう人たちがいる。だからいまは財務省の時代なのだ。

安倍派と岸田派の相克

自民党の派閥は、宏池会以外にもいくつかある。

なかでも有力な安倍晋三元首相の派閥は、正式には「清和政策研究会」(清和会)という。

それまでトップだった細田博之氏(細田派)の跡を継いで安倍派になったのだが、この

自民党の主な派閥と系譜（2022年2月末時点）

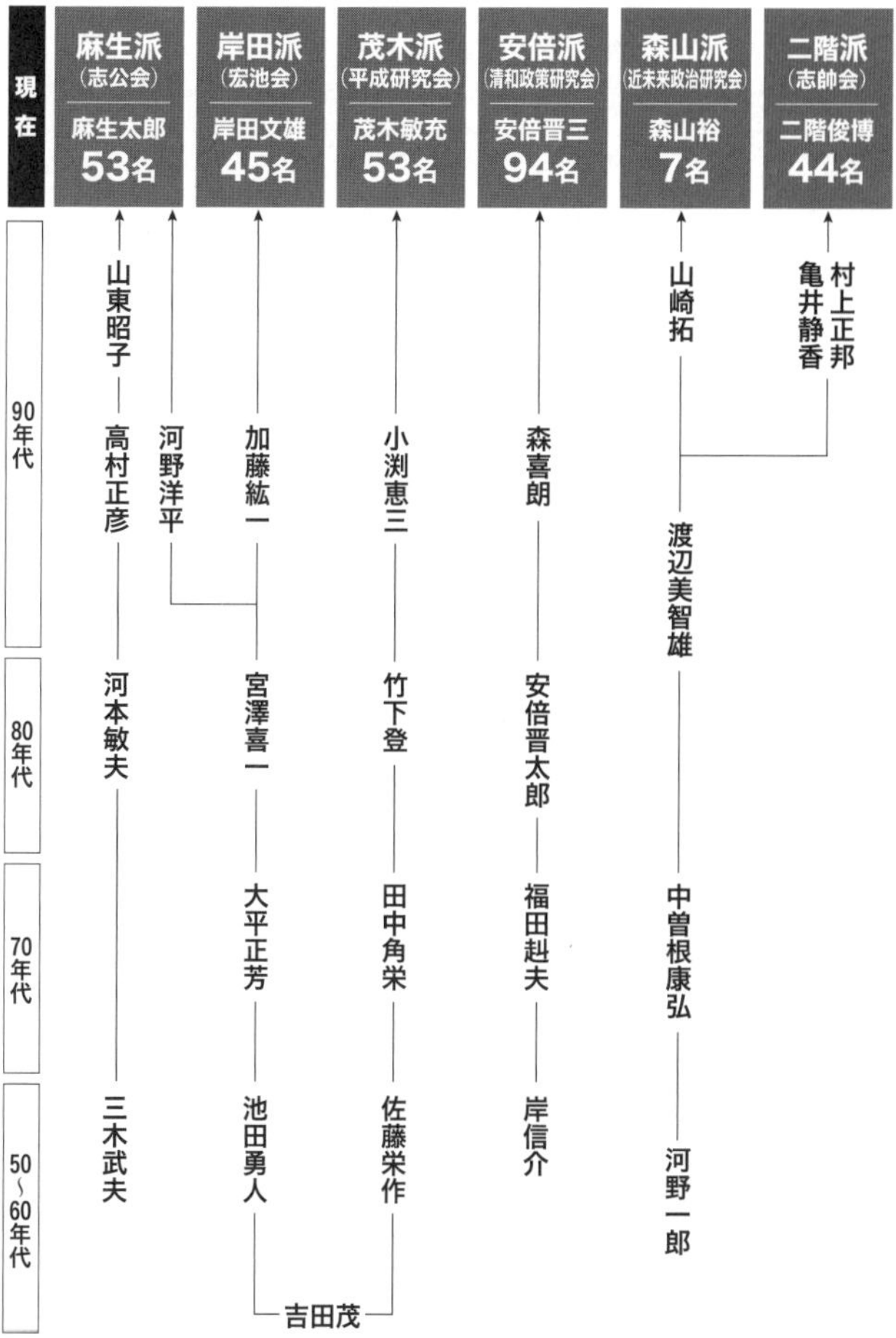

編集部で作成

意味について考えるには、自民党内の派閥力学を理解するのが手っとり早い。

清和会の歴史をさかのぼると、安倍氏の祖父・岸信介氏の派閥にたどり着く。

この岸派を受け継いだのが福田赳夫氏（福田派）で、それに反発した川島正次郎氏が川島派として分裂した。

そして池田勇人氏（宏池会）の所得倍増計画に異を唱えた福田氏が、新たに清和会を創立した。その後、安倍晋太郎氏（晋三氏の父）に受け継がれ、三塚博氏（三塚派）、森喜朗氏（森派）、町村信孝氏（町村派）、細田派、安倍派となっていく。

清和会には福田赳夫氏の息子・康夫氏もおり、実は安倍派には岸氏の系統と福田氏の系統の二つが入り交じっていることがわかる。

ほかに「平成研究会」（平成研）という派閥がある。旧自由党の吉田茂派を池田勇人氏の宏池会と分けるかたちで始まった、佐藤栄作氏の佐藤派が源流だ。

その後、田中角栄氏が独立して田中派（木曜クラブ）となり、そこからさらに竹下登氏が独立して竹下派（経世会）になった。

そして94年、平成政治研究会に改称し、のちに平成研究会に改称して現在に至る。

田中氏、竹下氏が首相だった時代はすごく勢いがあったが、いまは人気にかげりがある。

現トップは、安倍政権で経済再生担当大臣などを務めた茂木敏充氏である。

宏池会、清和会、平成研、この三つが自民党の大きな派閥だ。

ちなみに、いまも隠然たる権力を持つ麻生太郎氏は「志公会」という派閥のトップだが、もともとは宏池会系だ。

宏池会を加藤紘一氏が受け継ぐことが決まったとき、それに反発した河野洋平氏が麻生氏らと共に宏池会を脱退し、「大勇会」という派閥を立ち上げたのが始まりである。

その後、宏池会の三分派である谷垣派、古賀派、麻生派を再結集させる「大宏池会構想」が模索されたが、07年の第一次安倍内閣退陣後、谷垣派・古賀派が福田康夫氏を推し、麻生派は麻生氏自身を総裁候補としたため利害が一致しなかった。そこで、麻生派を除く二派閥が合流する「中宏池会構想」が浮上して、現在の宏池会となった。

宏池会、清和会、平成研の三つの派閥は、いつも権力争いをしている。

歴史を振り返るとわかるように、最初は池田派から始まった宏池会が全盛だったが、その後に竹下派の平成研が全盛となり、さらに最近20年間は清和会が全盛だった。

この清和会の流れが終わりかけており、今後は宏池会と平成研の時代になるかもしれない。そういうタイミングで、安倍氏が清和会を引き継いだのだ。

大きな歴史から見れば、宏池会と平成研がどんどん勢力を伸ばしてくれれば、清和会はだんだん苦しくなるだろう。いまの自民党総裁が宏池会トップの岸田氏、幹事長が平成研トップの茂木氏というのが象徴的だ。平成研と宏池会が主力になってくると、清和会は冷や飯を食うというパターンだ。

要は、現在の安倍氏に与えられた役割は、清和会の勢いを盛り返すことなのだ。

宏池会はいままでずっと冷や飯を食ってきた。平成研もそうだ。平成研は小渕恵三首相の時代まではよかったが、その後は冷や飯を食わされていたことが多かった。この二つが結託することで、清和会＝安倍派を分断する工作も出てきた。

安倍派の清和会にはもともと岸派と福田派の流れがある。そして福田康夫氏の息子・達夫氏が自民党総務会長になった。福田派を引っ張り上げて、清和会の分断工作をしている。今回の岸田政権はそういう人事が露骨だ。

その一環で、幹事長になった茂木外務大臣の後任に林芳正氏を任命した。これも完全に清和会に対する当てつけで、林氏と安倍氏は地盤の山口県で父親の代からライバル同士だ。林氏を重用することで安倍派を干そうとしている。そういう政治力学が岸田政権の裏側に透けて見える。

このまま宏池会と平成研をほっておいたら大変だということで、清和会の安倍氏が頑張っている。

もう少し先を見ると、麻生派がどうするのかがポイントになる。

麻生派のなかには、岸田首相と総裁選で戦った河野太郎氏がいる。いまは安倍氏と麻生氏は盟友だが、麻生氏は大宏池会を作りたいから岸田派と組む可能性はある。

そうすると今度は、岸田首相の後継として河野氏が首相になる可能性がある。

もし麻生派が大宏池会構想に走ったら、ますます清和会は苦しくなる。

こういう三すくみの関係が自民党にはあって、人間模様のなかでいろいろな話が出てくるかもしれない。とくに22年7月に予定される参議院選挙に向けて、自民党内は財政に関して揉めそうな雰囲気もある。

ただ、こういう動きは政治の世界の出来事だから一寸先は闇だ。

安倍氏は今回の総裁選では、岸田氏を応援するかたちを取りつつも高市早苗氏を擁立した。河野氏をほっておくと岸田対河野の一騎打ちになり、河野氏が勝ってしまうからだ。だから高市氏を立てて河野氏を落としにかかった。

麻生氏の目線で見ると、いまは安倍氏と仲よくやっているからいいが、もし大宏池会をつくるときには河野氏を派閥のトップに立てる。そのころは麻生氏も年を取っているから政界を引退しているかもしれない。

一方の安倍氏は67歳とまだ若い。派閥のトップを任されている以上、河野氏が首相になって清和会が冷や飯を食わされるのはたまらないというので頑張っている。

闇が深い「日中友好議員連盟」

派閥間で、大きな政策の違いはあるのか。

宏池会は伝統的に官僚出身者が多く、清和会はどちらかというと党人派で官僚を相手にしないという違いがある。宏池会のほうがリベラルに近く、中国に近いという特徴がある。党人派の清和会は保守系に近い。そういう意味で、清和会には親中派の人は少ない。

岸田政権を語るうえでよく出る話は、茂木氏も林氏もかなりの親中派だということだ。

とくに林氏は、父・義郎氏の代からの「日中友好議員連盟」会長だから筋金入りだ。義郎氏は旧通産省の出身で、宮澤改造内閣（１９９２～93年）では大蔵大臣をしていた。筆者も直接知っているが、非常に官僚らしい官僚だ。その息子・芳正氏は民間企業の出身だが、これまた官僚みたいな人で官僚臭がプンプンしている。

林氏は外務大臣になると同時に、議連会長を辞任した。本人は「外務大臣としての職務遂行にあたり、無用の誤解を避けるために辞めると判断した」と説明している。

２０２２年２月、衆議院の本会議において、中国のウイグル自治区における人権侵害行為を非難する国会決議が採択された。

きっかけは２０２１年１月、中国政府が新疆ウイグル自治区でイスラム系少数民族に対して「ジェノサイド（大量虐殺）」を行っていると、アメリカ政府が認定したことだ。アメリカ、イギリス、カナダの３カ国とＥＵが、新疆ウイグル自治区での人権侵害に関わったとして、自治区の当局者らに対して資産凍結などの制裁を発動した。欧米各国が歩調を合わせて中国に圧力をかける姿勢を鮮明にすると同時に、先進諸国は次々と中国の人権侵害への非難決議を議会で成立させた。

これを受けて、日本でも21年6月までの通常国会で非難決議の採択が検討されたが、このときは採択されなかった。

その後、北京オリンピック開幕前の採択を目指して改めて調整され、決議に至った。それが以下の文章だ。

〈新疆ウイグル等における深刻な人権状況に対する決議案〉

近年、国際社会から、新疆ウイグル、チベット、南モンゴル、香港等における、信教の自由への侵害や、強制収監をはじめとする深刻な人権状況への懸念が示されている。人権問題は、人権が普遍的価値を有し、国際社会の正当な関心事項であることから、一国の内政問題にとどまるものではない。

この事態に対し、一方的に民主主義を否定されるなど、弾圧を受けていると訴える人々からは、国際社会に支援を求める多くの声が上がっており、また、その支援を打ち出す法律を制定する国も出てくるなど、国際社会においてもこれに応えようとする動きが広がっている。そして、日米首脳会談、G7等においても、人権状況への深刻な懸念が共有されたところである。

このような状況において、人権の尊重を掲げる我が国も、日本の人権外交を導く実質的かつ強固な政治レベルの文書を採択し、確固たる立場からの建設的なコミットメントが求められている。

本院は、深刻な人権状況に象徴される力による現状の変更を国際社会に対する脅威と認識するとともに、深刻な人権状況について、国際社会が納得するような形で説明責任を果たすよう、強く求める。

政府においても、このような認識の下に、それぞれの民族等の文化・伝統・自治を尊重しつつ、自由・民主主義・法の支配といった基本的価値観を踏まえ、まず、この深刻な人権状況の全容を把握するため、事実関係に関する情報収集を行うべきである。それとともに、国際社会と連携して深刻な人権状況を監視し、救済するための包括的な施策を実施すべきである。

右決議する。

実はこの国会決議は、対中非難決議でも何でもない。

なぜなら「中国」と名指しせず、「人権侵害」ではなく「人権状況」と言葉を変え、「非難」の文言も消えているからだ。中身をじっくり読んでも、誰に何を言いたいのか全く理解できない。

非難決議というのは、国会で全員が賛成して決議するのが慣例としてある。だから与野党各会派に根回しをする。だが、自民党内の親中派が出てきて、結果的には対中非難決議の体裁にできなかったという背景がある。

その親中派の中心が、日中友好議員連盟トップだった林氏だというのがもっぱらの見方だ。

いずれにせよ、親中の岸田政権だから、これ以上のことは何もしないだろう。

岸田氏や林氏は正真正銘の親中派だ。岸田氏は日中友好文化交流促進協会の会長代理を務めていたこともあるから、中国に対してはとても慎重だ。

菅前政権でも、二階俊博氏などは親中で慎重だったが、菅氏はそれとは関係なく台湾を「国」と表現したり、日米首脳会談で台湾海峡の平和と安定の重要性を確認するなど、中国と台湾の問題にどんどん言及した。

それまで、日米首脳会談で中国と台湾の問題について積極的に言及した首相はいなかった。中国からしてみれば、国会で非難決議をされるより、日本の首相が日米首脳会談で言及するほうが嫌だっただろう。

そういう意味では、いまさら対中非難決議をしてもしなくても、日中関係に大きな影響はない。

日本は第二次世界大戦後、台湾（中華民国）とは国交していたが、中国とは国交がなかった時代がある。

日中友好議連は前身を「日中貿易促進議員連盟」といい、中国と国交がなかった195

２年に創設された。日中国交正常化を求める超党派の親中派議員が結集し、発足時は自民党、社会党、公明党、民社党、第二院クラブ、無所属の国会議員ら４００名で結成されたという。

それがいまとなっては、簡単にいえば「対中ビジネスの窓口」となっている。

中国に対して投資したいと思っても、普通の民間人が一見で来ても参入できない。

だが、日中友好議連のメンバーを介すれば、中国での投資が可能になったり、合弁企業などの許可が出やすくなったりする。

そういう意味で、中国とパイプを築きたい人はみんな日中友好議連を利用している。要は、日中友好議連のメンバーは中国に顔が利くということであり、裏を返せば中国にすっかり取り込まれているというわけだ。

アメリカ政府が日中友好議連を危険視しているのには、そういう背景がある。

対中ビジネスに関わっている人が多く、日本側の窓口になって中国と関わっているから、中国に取り込まれてしまう人が多い。話している相手が日中友好議連というだけで、ピンとくる人にはくる。

日中友好議連のことをインターネットで調べても、ほとんど何も情報が出てこないから、表面上はどういう組織なのか全くわからない。

筆者の話は、少し政治に関わっている人なら誰でも知っているような内容だ。

中国共産党と日中友好議連は常日ごろから接触している。そういうメンバーのトップの人間が外務大臣になったらどうなるかは想像に難くないし、対中非難決議が骨抜きになるのも仕方ない。

共産圏のビジネスはみんな同じで、共産圏に接するのは大変だし闇が深い。普通の民間企業だとまず接することができないから、議連などのメンバーを仲介させる。欧米への投資は同じ民主主義国だから誰でも容易にできるが、共産圏は容易に投資できないためビジネスのハードルがものすごく高い。そこを議連や国会議員が間を取り持つことでパイプを築いているのだ。

もしもパイプ役の議員が、中国からの見返りをたくさん受けていたとしたら、一度そうなってしまうと、なかなかそこから抜け出せない。

「天皇陛下の訪中」を機に中国が経済成長した

宮澤内閣の92年、「天皇陛下の訪中」という議論が持ち上がり、保守派が大反対するな

日本の対中ODAの推移

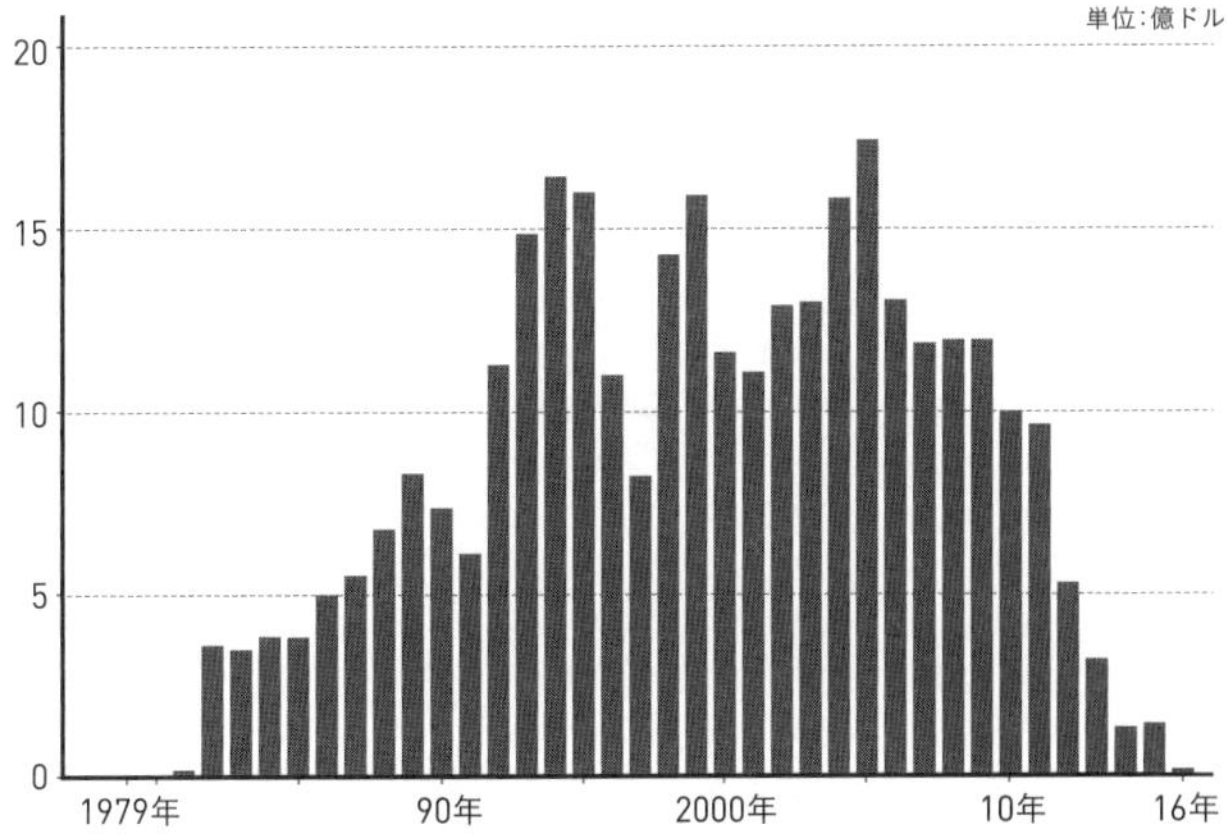

OECDデータより

かでこれを実行した。G7など西側諸国が中国に厳しい経済制裁を科していた時代だった。

日本政府は79年から、中国に対して政府開発援助（ODA）をしていた。2016年度までに総額3兆円以上、対中ODAを実施してきた。

そんななか、91年、西側首脳として天安門事件後に初めて海部俊樹首相が訪中した。

その後、宮澤内閣の加藤紘一官房長官らが、世界から中国を孤立させないための外交として最終的に天皇陛下の訪中を実現させた。

中国はこれを突破口に、西側諸国の対中経済封鎖を解除させることに成功し、一気に対中投資が増えて中国が経済成長していったという歴史がある。

当時、宏池会が中心の政権が続いていて、大蔵省にいた筆者は、仕事としてこの件にも結構深く関わっていた。「天皇陛下が訪中する前に中国へ視察に行け」と上司にいわれて、役人の立場で訪中したら先方は大歓迎だった。そこでハニートラップに遭いそうにもなった。筆者は引っかからなかったが。

中国入りしたのち、全国人民代表大会などの議場や外国使節・賓客を受け入れる場所として使われる人民大会堂で、中国の副総理と面会した。日本の一役人が中国の副総理に会うというのは尋常ではなく、それぐらい中国から優遇されていたというわけだ。

これには大蔵省がＯＤＡの承認を出していたという背景もある。

そういう宏池会絡みの政権の過去があるから、中国からすれば「岸田は可愛いやつだ」という感じだろう。

基本的に宏池会で親中の岸田政権は、こういう点で危うさを秘めている。

「賃上げ促進税制」と「金融所得課税強化」の狙い

宏池会は財務官僚に近いため、増税路線のスタンスだ。

所得階層別で見る所得税負担率（2019年）

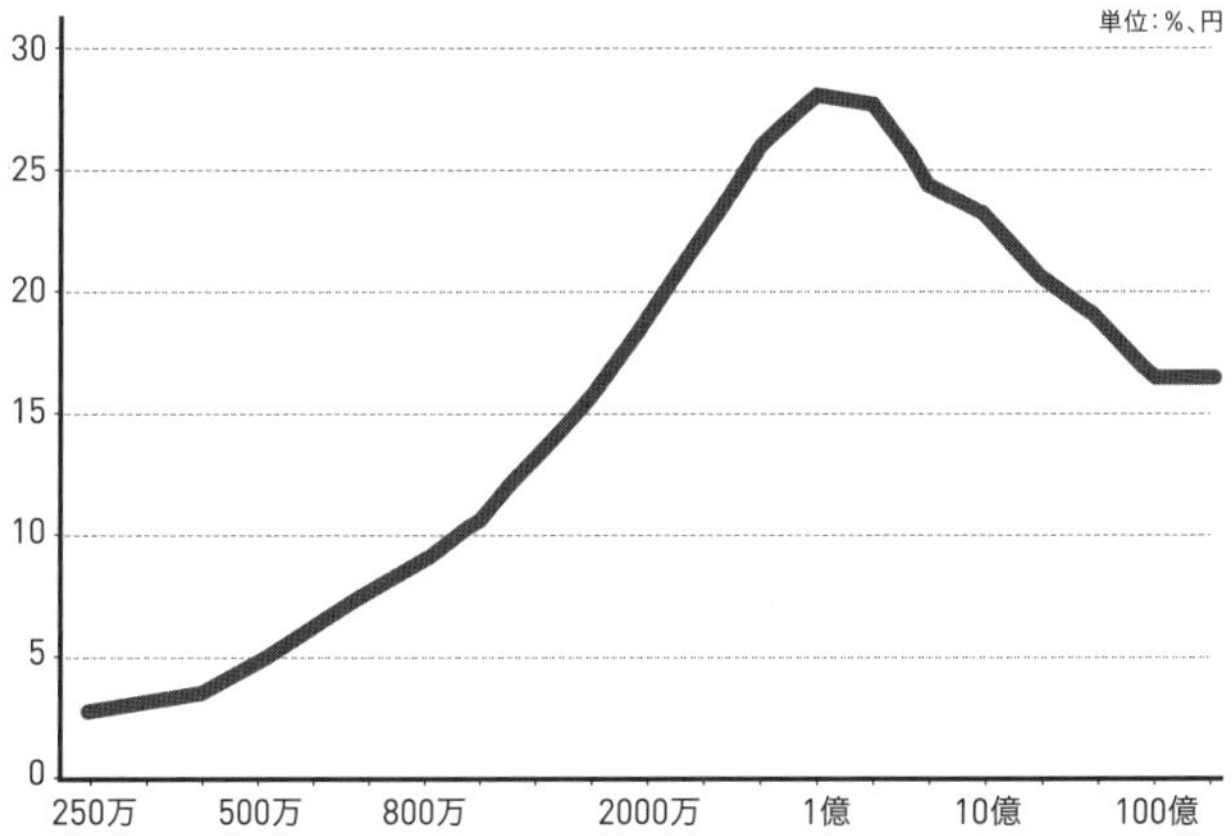

財務省資料より

もともと宏池会の創始者が大蔵官僚だから、似たような考えの人が必然的にたくさん集まってくるのだ。

宏池会は、安倍氏の清和会とは明らかに路線が違う。

たとえば、岸田首相は急に金融所得課税を見直すと言いだした。

金融所得課税とは、預金、株式、投資信託などの金融商品で得た配当金、利子、株式譲渡益などの所得に対して税金を課すことで、所得税は約20％でいいという決めごとがある。これを源泉分離という。

高額所得者だと本当はもっと税率が高くなるが、金融所得だけは別枠で税金は約20％でいいというふうになっているのだ。

つまり、高額所得者にとって有利な税制といえる。

それを岸田首相は、金融所得課税について約20％からさらに上げる増税を検討すると言いだした。

同じ岸田派で財務省出身の山本幸三氏も20％から25％へ引き上げるという。高市早苗氏も20％から30％に引き上げると、岸田氏と同じようなことを言っていた。

それは駄目だと筆者を含め多くの関係者が反論した。すると、高市氏は「当面やらない」とすぐに撤回してくれたが、岸田首相は悩んでいた。

こういう政策は、財務省がどこかで入れ知恵したのだろう。

なぜ、金融所得課税の引き上げが駄目なのか。

その答えは、岸田首相が22年1月の衆議院予算委員会で看板に掲げた「新しい資本主義」の分配政策面について、株主利益の最大化を重視する「株主資本主義」の弊害を是正したい考えを示したところにヒントが隠されている。

このなかには財務省の遠大なる戦略がある。

まず、労働者の利益のためという「賃上げ促進税制」なるものが、税制改正により22年4月から始まる。賃上げに積極的な企業を支援するために、賃上げに向けた取り組み状況に応じて法人税から差し引く控除率を、現在の15％から、大企業で最大30％、中小企業で最大40％に引き上げるというものだ。

これは撒き餌というか見せ金であり、期待できる税収効果は1000億円程度だ。

その次に、別枠で資本家からお金を取るという話が出てきた。これが金融所得課税の強化へとつながるわけだ。

実はこちらが本命で、数千億～1兆円規模の増収効果が見込まれている。

撒き餌としての賃上げ促進税制、そして税収アップのための金融所得課税の強化。この二つがセットで遠大なる増税ストーリーが透けて見える。

「株主資本主義を是正して労働者のために」などと謳っているが、実のところ資本家からお金を取るための政策にすぎない。

仮に税率を20％から25％に引き上げるくらいなら、数千億円程度で大した話ではない。ただし、株式市場（投資家）からのイメージがすごく悪くなる。こんなのはいますぐにやるべき話でもないのだが、岸田首相はずっとそれについて話していた。

結局、株価への影響が懸念されて22年度の税制改正大綱では見送りとなったが、来年以降も議論されるだろう。もし筆者のように反対の声を上げずにほっておいたら、おそらく今回の税制改正大綱に盛り込まれていた。

この手の話は、財務省の人間がこそっとやるから誰もほとんど文句を言えない。

はっきりいって、外交は親中で内政は増税という路線だから岸田政権には夢も希望も持てない。

財務省の税務権力に怯える政治家

増税しようとすれば、必ず世論の反発を浴びる。だが、財務省はそうした反発にも屈せず、消費増税をはじめとして粛々と増税してきた。

財務省は、政権やメディアなどにどのように力を及ぼしてきたのだろうか。また、時の政権は、財務省の意向をはね返せなかったのか。

筆者がマスコミや論稿などを通じて財務省の権力について話すと、「政治家が情けない」と嘆かれることが多い。その人たちの言うことは、形式的には正論だが、実態をあまり知らないようだ。

財務省の権力の源は軍事力、警察権力と並ぶ税務権力で、これは国家権力の典型だ。

国家権力は強力だ。政治学や社会学では、軍事力や警察権力は「暴力装置」と呼ばれる。

税務権力はこの暴力装置から外されることも多いが、筆者としては暴力装置に含まれると思う。

政治家、官僚、一般人の関係は「じゃんけん」のようなものだ。一般人は選挙があるから政治家に強い。政治家は官僚の上に立つから官僚に強い。官僚は許認可の実務を行うから一般人に強い。そんな三すくみの関係になっているというわけだ。

しかし、財務省はこのじゃんけんの構造から外れる。事実上、外局である国税庁を支配下に置いているからだ。

国税庁の税務権力を使えば、政治家を脅すこともできる。

筆者が高松国税局観音寺税務署長をしていたとき、選挙を控えたある政治家に対して税金の督促状が筆者名で出されたことがあった。

この督促状は自動的に発信されるということを、当時の筆者は全く知らなかった。

その政治家からいきなり筆者に電話があり、「すぐに金を持っていく」といわれた。筆者は何も事実を知らなかったし、別にどこかにリークしようとも思わなかったが、その政治家はかなり焦っていた。

この事例からも、税務権力があれば一介の官僚でも政治家を脅せることがわかる。

一般人でも、国税庁と正面切って戦おうとは思わないだろう。

個人事業主や経営者ならよくわかるだろうが、もし全面対決しようものなら、税務署から脱税を疑われて徹底的に調査され、不正な申告があったと認定されたら追徴課税を受ける恐れがあるからだ。

いわゆる附帯税で、過少申告加算税、無申告加算税、不納付加算税、重加算税、延滞税、利子税がある。

これは政治家も同じで、金銭関係を掘り下げられると何か出てくるかもしれない。税務権力は大きく、逆らえばまともに政権運営ができなくなる可能性があるのだ。

しかも、いまは岸田首相の親族に財務省関係者が多いという事情もあるから、財務省の言うことを聞くのは当たり前だ。

ただ、小泉純一郎氏は財務省と対抗する姿勢を示していた。

安倍晋三氏も、安全保障という自分のやりたいことがはっきりしていたから、財務省の言いなりにはならなかった。というよりも、財務省のことを気にしなかっただけというのが正しいだろう。選挙で勝つのが大きな目的で、それにプラスになるかどうかで判断した。だから財務省に媚びたところで意味がないと考えていた。

軍隊や警察には独立した組織があり、権力行使は抑制的だ。

しかし、国税庁は財務省からは完全に独立しておらず、実質的には下部機関（植民地）という位置づけになっている。詳しい組織図は第５章で詳しく説明するが、これは本来あるべき姿ではない。

外局だから独立した組織だというなら、国税庁長官には国税庁キャリアがなるべきだ。だが、戦後一貫して大蔵（財務）省キャリアが就任している。

税務権力はマスコミ対策にもかなり有効だ。

マスコミには定期的に税務調査が入り、交際費などについて徹底的に調査される。だから財務省に忖度する人も出てくる。財界も税務調査のほかに法人税減税や租税特別措置などがあるから、財務省と表立って事を荒立てないようにするのが得策だと考える人が多い。

これが実態だ。

第2章　ケチでがめつい天下り集団

野党による予備費減額要求の裏に財務省の影

当時の安倍首相は20年度、新型コロナウイルスに対応するための予備費11兆5000億円をほぼ全て使った。

予備費というのは、財務省の説明では「予見し難い予算の不足に充てるための経費で、予算成立後において歳出に計上された既定経費に不足を生じたり、または新規に経費が必要となった場合、その不足に充てるため、内閣の責任において支出できるもの」とされている。

今回は、飲食店への時短営業協力金、医療体制への支援、中小企業・個人事業者への持続化給付金、ワクチンの確保、雇用調整助成金の特例措置などに使われた。

財務省はこの予備費も多すぎるという理由で「予備費を使うときは閣議決定が必要」という言い方をした。マスコミも「巨額の使い道は政府の裁量が大きく、国会の監視が届かない危険性がある」などと報じた。「簡単には使わせないぞ」という財務省の意志表示だ。

22年度予算でも、ワクチン接種体制の確保、「新型コロナ」による感染拡大などに備えて5兆円を計上している。

必要な使い道があるなら、予備費を余らせてしまうともったいない。ＧｏＴｏトラベルでも何でもいいから、ケチらないでどんどん使い切るべきだ。

もし予備費を消化できなくても「不用」という扱いになり、次年度予算に繰り越されるか、償還財源になる。だから本当は全て使ったほうがいい。余らせたところで意味がないのだ。

本来、次年度の予算は12月末に決まると1月の通常国会に提出され、1月下旬から3月末まで審議されたのち、4月からの12カ月分が決まる。

だが、政府は20年12月、21年度予算案は20年度第3次補正予算案を一体で編成する「15カ月予算」というタイプで実行した。これだと年度をまたがって切れ目なく予算を執行できるため、景気対策に効果があるとされている。

新型コロナで景気が悪いから、何か対策を打たないと失業者が増えていく。それを防止するために、補正予算3カ月分を次年度予算と一緒に実行したというわけだ。

予備費はもともと20年5月の20年度第2次補正予算案で10兆円を盛り込んでいたのだが、使い方が渋くてなかなか消化できなかった。政府も周りの声を気にすることなく、どんどん使えばいい。予備費に対して四の五の言うのは正しくない。

しかも予備費を10兆円にしたことに対し、野党が「けしからん」と騒いでいた。

当時、補正予算案をめぐって自民党の森山裕国会対策委員長と立憲民主党の安住淳国会対策委員長が会談し、安住氏が野党側の要求として10兆円の予備費の減額などを求めていた。

これに先立ち、立憲民主党、国民民主党、共産党、社民党の野党4党の国会対策委員長が国会内で会談し、予備費が歳出全体の3分の1近くを占めるから容認できない。予備費を減額すべきだという見解を示していた。

実はこれ、財務省の意見を借りていただけだ。

財務省も政権には直接言えないから、代わりに野党に発言してもらうことがある。とはいえ、露骨に野党にそんな指示をするわけにいかないから、どこかで野党の耳に入るように話している。財務省のお金を出したくないという声に野党が乗っただけで、つまらない茶番劇だ。

給付金は「記名式政府小切手方式」にすればいい

特別定額給付金はまだやれる余地がある。といっても政治問題化しており、麻生氏はもうしないという意思表示をしていた。

給付金を、新型コロナウイルス対策かつ経済的に困っている人への対策として考えると、この手の話は「本当に困った人」の定義がないから何とでも議論できる。それぞれの価値判断に依存するため、何かを決めるのは大変だ。

自民党と公明党はさまざまな議論を経て、21年11月、困窮世帯や学生、18歳以下（高校3年生まで）の子どもを育てる世帯に向けて10万円の臨時特別給付金を配ることで合意した。公明党は一律給付を求めたが、年収960万円の所得制限が導入される。

本来、給付の手法や対象はどうするのが最も効果的か。

まずは給付の手法について考えてみよう。

10万円給付金は地方自治事務方式で実施された。この方式では、給付事務は地方自治体が担う。対象世帯に給付金申請書を送付し、親が本人確認の書類を同封して地方自治体に返送する。その後、地方自治体が本人確認し、銀行振り込みなどで現金給付する。

筆者は給付金の際、こんな手続きをしていたら交付が遅れると指摘した。結果はその通りだった。

給付金には痛しかゆしのところがある。国が出すお金については基本的に「申請主義」だから、ものすごく手間がかかる。

申請主義とは、簡単にいえば、国民自らが社会保障制度などの情報を調べ、窓口に自ら足を運び、その制度を使いたいから申請する旨の手続きをしなければならないということだ。

財務省もなるべくお金を出したくないから、わざと手続きを煩雑にしている。

一方で、世界ではプッシュ型という、自分の銀行口座を持っていればそこにまとめてお金を振り込んでおしまいにするという方法がある。

日本でもデジタル庁の新設に伴い、このプッシュ型ができるようになった。21年5月、デジタル改革関連法の一部が施行されたことで、制度上は多くの対象世帯が申請なしで給付金を受け取れるようになった。ただ対象者がマイナンバー登録をしていることが必須で、マイナンバーと口座を結びつけることで、口座情報と世帯収入などの情報を連携させて対象者を確定して、自動的に給付金が給付されるという仕組みだ。

だが財務省としては、本当は給付金をプッシュ型にしたくない。

「e-tax」という納税システムは迅速に仕組みがつくられたが、これは税金を徴収するほうだからすごく対応が早かった。給付するほうは逆の手続きにすればいいだけだからすごく簡単なはずなのだが、なかなかやろうとはしない。

筆者としては、給付金をプッシュ型にできないなら「記名式政府小切手方式」で事後課税措置にすればいいいと思う。迅速な給付が可能になり、課税措置で事後的な所得制限ができ、「本当に困った人」への対策にもなるからだ。

かつて筆者は、アメリカなどですでに実施されていた記名式政府小切手方式を政策提言したことがある。

ある日本政府関係者は、「全国民に配布するのは実務上困難」という反応を示していた。

記名式政府小切手には、受取人の名前が記載されている。誤配達や盗難に遭っても記名人以外は銀行で換金できないから、郵送は危ないという人も心配無用だ。選挙の投票所入場券も郵送されるから、記名式政府小切手もそうできるはずだ。

地方自治事務方式に比べると、記名式政府小切手方式では申請書に代わり記名式政府小切手となり、小切手を受け取った人が換金のため金融機関に出向くから自治体の手間も省かれる。事務処理が簡単でスピーディになる。

次に、給付対象についてはどうすればよかったか。

筆者の答えは、全国民に10万円給付というのが正解だ。

臨時特別給付金に関しては、線引きを決めずにポンッとやって、あとでいまあるルールに基づいて差を調整する。まずは全員に配り、最後に確定申告の際に税金で調整するのがいちばん簡単な方法だった。

当初の公明党案のようにすれば、真水の予算額は2兆円程度だった。

これは一般的に見れば巨額かもしれない。だが、現実の国内総生産（GDP）と潜在GDPとの乖離幅（GDPギャップ）は35兆円程度の需要不足で、これだけでは必要な有効需要が確保できず不十分だ。

全国民への給付なら予算額は約12兆円となり、コロナ対策として一応の及第点といえる。20年の10万円給付金は非課税措置がとられたので、所得制限は事前も事後も行われなかった。非課税措置にしなければ、一時所得として事後的に総合課税でき、事実上の所得制限措置にもなる。

政府資産の大半は天下りに使われている

一度組んだ予算は、もし使わなければ次年度に回せる。

それを財政規律といって出さないのは、ただお金を出したくないからだ。

お金を出すと、出されたほうからお礼をたくさんもらえる。お金を年中出していたら、その「ありがたみ」がなくなる。

要はありがたみの問題なのだ。

具体的にお礼というのは、天下りポストを一つ用意するといった類いの話で、ただ単に口頭でお礼を述べるのはありがたみでも何でもない。口頭のお礼などはいくらでも言えるからだ。

日本の財政は基本的に問題ないが、資産と負債の圧縮によるスリム化を阻んでいるのは、天下りを狙っている財務官僚たちと言わざるを得ない。

「借金がこれだけ多いから財政破綻の危機だ」というのは完全なまやかしだ。それでもなお「財政健全化が必要」と主張するなら、消費増税よりも前にやるべきことがある。それは政府資産の売却＝政府関係機関の民営化だ。

完全民営化すれば借金は大幅に減らせる。そうすることで政府をスリム化すべきだと筆者は反論したい。少なくとも財政健全化のために消費増税をする意味はない。

財務官僚以外の誰が考えても、増税してから財政再建という順番はおかしい。

政府関係機関の民営化への抵抗がいかに強いか、筆者は身をもって経験したことがある。

いまから30年ほど前、財政投融資のＡＬＭ（アセット・ライアビリティ・マネジメント、金融リスク管理の手法の一つ）というシステムをつくる際、どうしても必要だった政府のBSを作成した。そこで他国と比較して日本政府だけが突出して資産、負債とも多いことを把握した。

この資料を財務省幹部に見せて「資産を売れば財政問題は解決する」と説明すると「それだけはやめてくれ」「国家運営上このくらいの資産は必要だ」というから、「こんなに資産を持つ国はない。他国は資産を売っても十分、国家運営できている」と筆者は返答した。すると、国際比較が大好きで「日本は遅れている」と言っていたその財務省幹部が、今度は「わが国は違う」と手のひらを返したのだ。

政府関係機関を完全民営化すれば、関係機関への出資金を回収できて、関係機関への貸付金も必要なくなる。それが資産も負債も小さくする手っ取り早い方法だ。

小泉改革での郵政民営化ののち、経済財政諮問会議で資産と負債を圧縮する方針を出したところ、財務省のみならずほかの省庁も大騒ぎになった。

各省庁は、政府関係機関の保有は政策目的だといっていた。この論法が正しければ、海外にも同様の政府関係機関があるはずだが、現実にはそんな国は日本くらいだ。

財務省は「郵政民営化までは許すが、それ以上は駄目だ」という姿勢だったため、残念ながら政府関係機関の完全民営化計画はほぼ全て潰された。

これほど民営化に対する官僚の抵抗が強いのは、各省庁に政府関係機関をコントロールし続けたいという思惑があり、それが天下りの生命線でもあるからだ。

普通の国であれば、負債が大きくならないように資産を切り売りして負債を減らしながら、資産と負債の両方を圧縮していく。それがスタンダードな考え方だ。

ところが日本の場合、資産も負債も膨張したままで資産にはなかなか手をつけようとしない。

なぜ日本、とくに財務省の常識はほかの国々と違うのか。

財務官僚が愚かで会計の基本を知らないから、という理由ではない。資産を抱え込むことが天下り先の確保になるという、大きなメリットがあるからだ。

政府資産の大半は金融資産で天下りに使われている。資産を売却して天下り先が減れば、官僚の再就職先がなくなり人生設計に狂いが生じる。だから「資産は売れない」と異を唱えているというわけだ。

喫煙者が永遠に財務省から搾取される理由

21年10月1日から、たばこ税が増税された。03年から20年まで計5回も増税されてきた。世界の流れから見れば、たばこは値上がりしており、吸える場所も絞られてきて、喫煙者が不利になっているのは間違いない。

筆者が留学でアメリカへ行ったとき、さまざまな国から研究者が来ていた。アメリカでは日本と同じように、みんなベランダで吸うから、たばこの光がちらちら見える。日本では蛍の光と呼ばれるような感じだ。アメリカは喫煙場所には厳しいほうだから、他国からの研究者、とくに欧州の喫煙者はみんな文句を言っていたが、アメリカ人は「仕方ないよ」という感じだった。

喫煙者が煙を自分で吸い込んでくれれば問題ないが、外に広げてしまうとほかの人にとって害悪となる。これを「外部性」という。

ある経済主体の意思決定（行為・経済活動）がほかの経済主体の意思決定に影響を及ぼすことを、経済学ではそう表現する。

車の排ガスなどもたばこの煙と同じだ。たばこの煙も排ガスも外部性があり、ほかに何らかの悪影響を及ぼす。全て自分で吸い込んでしまえば外部性はないのだが、そういうわ

たばこの税負担内訳（1箱580円のケース）

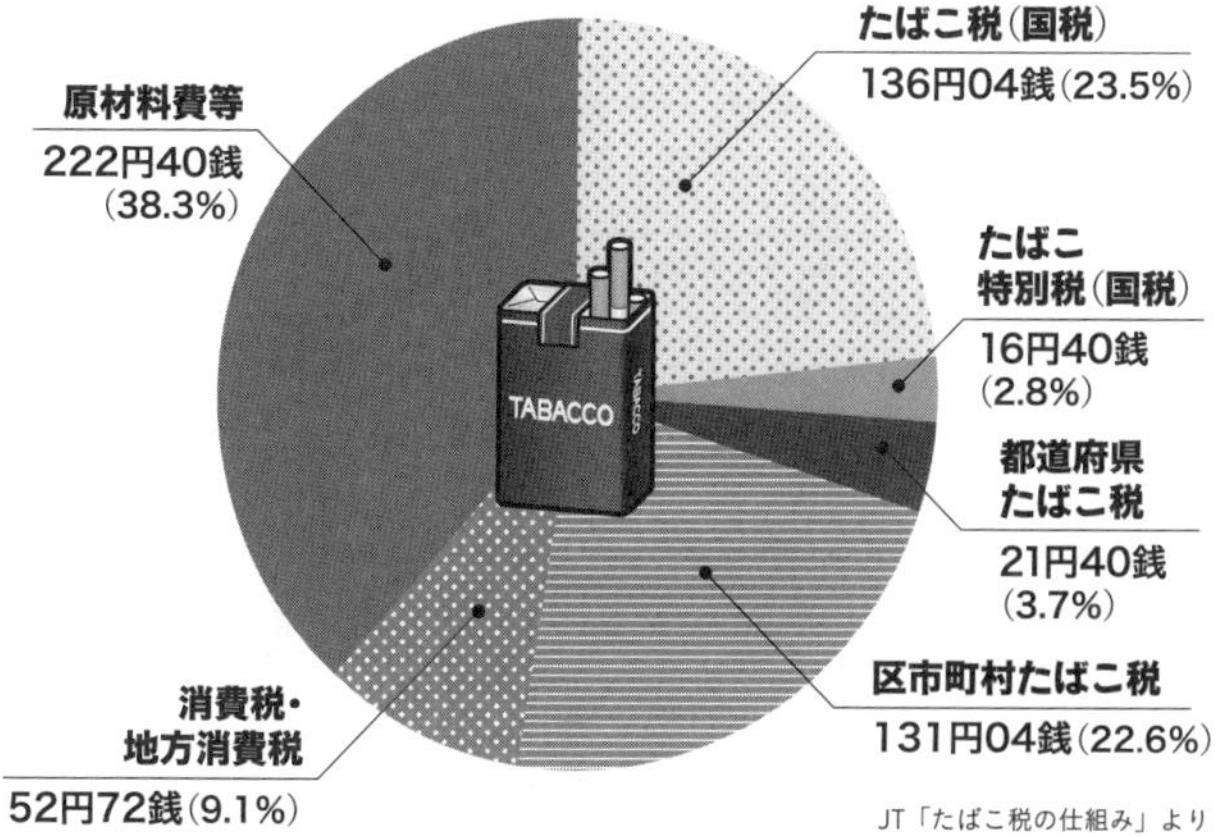

JT「たばこ税の仕組み」より

けにはいかない。

たばこは健康被害などの研究データが豊富で、習慣性や中毒性もあるから、税金を取る立場からしたらすごく楽な収入源の一つだ。なぜなら値上げしようが税金を増やそうが、たばこ税の収入はそれほど大きく減らないからだ。

日本たばこ産業（ＪＴ）のホームページを見ると、たばこは税負担が重い商品で、たばこの価格には国たばこ税、地方たばこ税、たばこ特別税、消費税の４種類もの税金が含まれている。銘柄などによって異なるが、たとえば一般的な紙巻たばこでは、税負担率は６割にも達する。たばこは、ビールやウイスキー、ガソリンや灯油などと

たばこ税の税収と紙巻たばこの販売量の推移

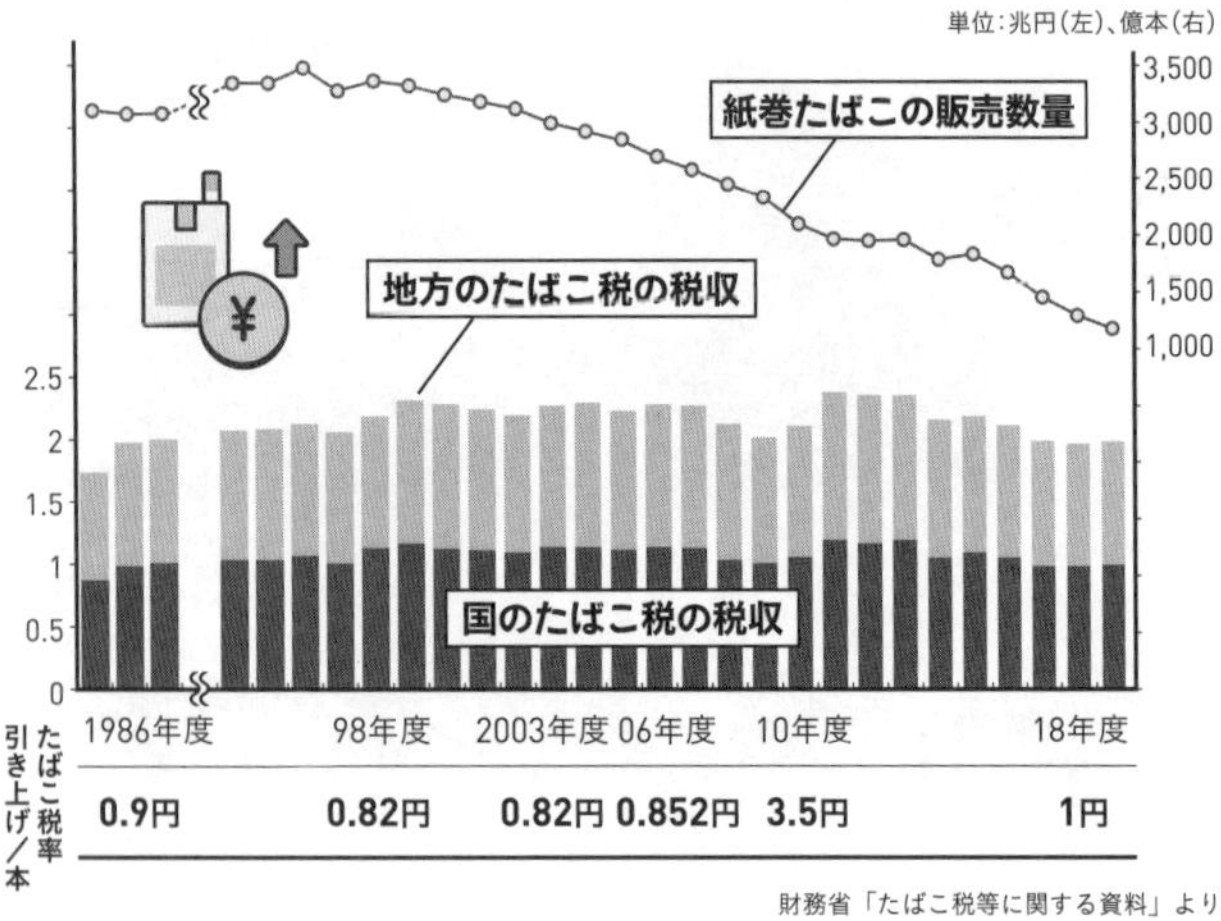

財務省「たばこ税等に関する資料」より

比較して、日本で最も税負担率の高い商品の一つとなっている。

　喫煙量は年々減少傾向にあり、一般社団法人日本たばこ協会が発表している紙巻たばこの販売数量のデータを見ると、１９９６年度の３４８３億本がピークで、直近の２０２０年度には９８８億本にまで落ち込んでいる。

　一方で、財務省（国たばこ税とたばこ特別税）と総務省（地方たばこ税）が発表しているたばこ税の推移を見ると、少なくとも１９９８年度以降２０２０年度まで、２０１８年度を除いて税収は２兆円を超える水準で維持されている。

　見方を変えれば、２兆円を下回らない

ように税率が調整されているともいえる。

習慣性、中毒性があるものについては、社会のムードを読みながらどんどん税金を課していく。それでも愛煙家は吸うのをやめないだろうという算段だ。

たばこをやめたら、それはそれで健康によくなる。社会保障費は1990年度に11兆6000億円だったが、2021年度には35兆8000億円になっている。財務省としては、この社会保障費を削りたい。だから国としては、たばこを吸おうがやめようがどちらに転んでもオーケーなのだ。それでたばこの税率がどんどん上がっている。そういう仕組みだ。

もし税金を取られるのが悔しいなら、みんなが一斉にたばこをやめれば、それ以上は税金が上がらなくなるだろう。でもそれは無理だ。習慣というのは若いころに身に染みつく。たばこを吸わない習慣を若いころにつけなければ、年を取ってもなかなかやめられない。一度吸う習慣ができてしまうと、よほど強い意志がない限り、通院して禁煙治療するといった方法しかない。

喫煙者を取り巻く環境はどんどん厳しくなっているが、「外でたばこを吸うな」と指示するのは私権制限には当たらない。

外部性という観点で見れば、交通違反と同じだからだ。なぜ交通規制をするかといえば、自損事故ならまだしも他人を巻き込む恐れがあるためだ。

これを経済学で「外部不経済」といい、工場による大気汚染や航空機の騒音などがこれに当てはまる。たばこも受動喫煙で他人を巻き込み害悪を与えるから制限できるという理屈になる。道路でスピード違反を取り締まるのと同じレベルの話だ。

多くの人々の全てを私権制限するわけではなく、ごく一部の人が対象だから、公共の福祉という名目でたばこを吸う場所を制限できる。そういう背景があり、20年4月から改正健康増進法が施行され、受動喫煙防止の流れができた。これにより、飲食店などに受動喫煙防止義務が課された。

喫煙者は、財務省に税金を搾り取られる運命だ。

それは財務省も重々承知しているから、JTという財務省の子会社のようなところに、歴代の財務官僚が天下っている。

小泉政権当時の特殊法人改革で多くの特殊法人を民営化してきた。それに抵抗した官僚は「政策目的の特殊法人は、民営化しても株式を持ち続けなければならない」という不思議な主張をしていた。その典型例がJTだ。

同社の発行済み普通株式は20億株で、そのうち政府（財務大臣）が6億6692万52

００株を保有している。割合でいうと33％強だ。

財務省はＪＴに政策目的があるといっていたが、国民にたばこを吸わせるのは別に政策目的でも何でもない。むしろ健康被害で訴えられる可能性すらある。世界の先進諸国で、たばこ会社の株式を国が保有している例は寡聞にして知らない。

たばこの健康問題が取り沙汰されるなか、なぜ政府が株を保有して片方の立場に立つようなことをするのかといわれ、そのうちに財務省も抵抗しきれなくなった。

当初は１００％の株を保有していたが、やがて50％に下がり、33％強まで減った。それでも現在１・３兆円分の株式がある（22年３月７日時点の株価で計算）。

何の政策目的もないのに、政府が一企業に１兆円超の出資をする必要はない。完全民営化して政府保有株をゼロにすれば、１・３兆円が政府の債務返済に充てられるが、財務官僚の天下りは難しくなる。

ＪＴの役員を見ると、取締役会長として元財務次官の丹呉泰健氏が22年３月まで就いていた。同月に岩井睦雄副会長が昇格して８年ぶりに会長、社長がともに生え抜きとなり、後任の副会長には元財務次官の岡本薫明氏が就いた。常勤監査役にも三村亨氏という大蔵省出身者がおり、天下りが規制された今日も財務省がＪＴをコントロールし続けたいという意図が透けて見える。その根源は天下り先を確保しておきたいという一点に尽きる。

天下りがなくなれば、JTの経営には好影響をもたらすだろう。財務官僚が経営に関わるより、プロパー社員や企業経営のプロが経営したほうがはるかに事業の発展が見込める。

JTに出向する官僚は、やはり喫煙者でないと務まらない。だいたい営業のトップに行くとJTの人はみんな吸うから、たばこを吸えない人は行けない。だが最近は、さすがにたばこを吸う官僚が減ったから出向する人もいなくなった。それでJTのなかから生え抜きの人が出てきている。

たまに酔っぱらって他人に迷惑をかける人はいるかもしれないが、たばこの煙よりは害悪が少ないとみなされている。お酒の害はほとんど本人が被るから外部性が低いという理屈が成り立つ。

ただし飲酒運転は別だ。これは外部性がすごく高くなるから駄目で、罰金がとても高いし免許も一発で取り消される。

酒税は国税庁の所管だ。酒類の製造および販売業には、酒税の確実な徴収と消費者への円滑な転嫁という目的で免許制度が採用されている。これも国税庁が発行している。既得権の塊ではあるが、国税庁から酒類業界への天下りというのはあまり聞かない。

「URであーる」と官僚の腐った関係

ここから先は、財務省ではないが、ほかの省庁関連の話も少し触れておこう。官僚の生態を知るにはいい事例だからだ。

独立行政法人都市再生機構（UR都市機構）という組織がある。「URであーる」というコマーシャルを流しており民間企業のように見えるが、実はそうではない。昔でいうところの公団で、独立行政法人というタイプだ。国交省の所管で国が出資しており公的機関ともいえる。

歴史を遡ると、大都市や地方中心都市における市街地の整備、賃貸住宅の供給支援、公団住宅の管理を目的に1955年、日本住宅公団が設立されたのが前身だ。

全国各地でニュータウン団地を開発したり、都市部を中心に超高層賃貸物件を供給したりしてきた。

そんな国策で生まれた公的機関が、民間企業のごとくコマーシャルを流しているのが不思議だが、URはいいとこ取りをしている。役所には公的機関の顔をし、世間には民間企業の顔をしていて、うまく使い分けているからだ。

筆者はかつて小泉政権のときに、現役官僚としてURの民営化に関わったが、はっきりいってうまくいかなかった。当時は片っ端から民営化に着手したが、民営化できずに失敗したものもたくさんある。

URは国から出資を受けており、完全な独立行政法人だったから民営化しようとしていた。高度経済成長期と違い、もはや公的機関が住宅供給する役目は終わったからだ。それで民間企業にしてしまってもいいだろうという理屈で動いていた。

たしかに昔は民間に住宅を建てる余力がなかったから、戦後、たくさんの公団住宅を建てるのは必要な政策だった。

しかし、いまやマンションはみな民間で建てている。賃貸住宅も民間で十分賄えるはずだ。URの存在はもはや民業圧迫の典型例となっている。だからこれ以上、国の税金を入れる必要はないという議論が2005年ころにあった。

筆者も小泉政権もURの民営化を一生懸命しようとしたが、郵政民営化が終わったのち、小泉首相がエネルギーを使い果たしてやる気がなくなったようで政治的にうまくできなかった。

URは国交省の天下り機関で、理事長には歴代の国交省トップが就いている。民業圧迫して、国の税金を入れて、さらに国交省の天下り先というのはいくら何でもないだろうというので民営化を考えた。

ただ向こうも政治勢力がとても強いから、巻き返されて結果的にはそのまま独立行政法人として生き延びてしまった。

政治勢力は政治の問題だから、小泉元首相のようにやる気のある人がいれば別だが、生半可な気持ちでは相手のほうが強くて勝てない。

最近は公明党の政治家が慣例的に国交大臣に就いているが、誰もＵＲには手を出そうとしない。下手に触れると、国交官僚がみんな背を向けてしまい、仕事をしなくなって困るからだ。

よほど意欲がない限り、変に恨まれないよう波風を立てず過ごしたほうがいいと考えるのが普通だろう。大臣が先導して進めない限り、民営化は無理だ。

さすがに分譲住宅業務から撤退し、自ら土地を取得して行う賃貸住宅の新規建設はやめたが、賃貸はまだ続けている。都心の大きなマンションで賃貸しており、民業圧迫にならないのかと問われれば、説明がなかなかつかないレベルだ。おまけにコマーシャルまで流している。

民営化すると国交省の天下り先がなくなるから、国交官僚は民営化を実行した大臣のいうことは聞かなくなるだろう。

ＪＴの民営化は、当時の中曽根康弘首相の力が大きかった。時代の流れもあったが、そういう変わり目のときにやる気があって「これをやるぞ」と引っ張る人がいないと民営化はなかなかできない。

ほかとは違うポイントを攻めて、それが成功すれば長期政権になるし、長期政権でないとそういう攻め方はうまくできない。国民の支持がとても重要だからだ。

安倍政権は長期政権ではあったが、安倍氏自身は非常に優しい人だからそこまで攻めていなかったし、むしろいちばん力を入れたかったのは安全保障や憲法の分野だった。

成し遂げたいことは人それぞれだ。たとえば、菅前首相は携帯電話の料金を下げるなど行政改革に力を入れていた。こうした成果が好循環になるかならないかは、時の運もある。

民営化は、達成すれば国民の支持が上がる可能性がある。ただ、すごく大変だし失敗する確率がとても高い。筆者も民営化にいろいろ関わってきたし、実現できなかったものもたくさんあったが、実現できたものに関しては失敗例がないといえる。

民営化に反対する人は、よく「外資に乗っ取られるから」というようなことを主張するが、果たして郵政に外資が乗っ取りにきただろうか。そういうリスクはあらかじめわかっているから、全て事前に排除できるようなルールを設けている。だから失敗はない。

郵政民営化でも保険を外資に売り飛ばしたとかいわれたが、本当にそれを許す法律になっているか確認したのだろうか。そうさせないために外資規制をしているし、それはどの国でもそうしている。

もし外資規制がなければ、いまごろすでに外資系企業に買収されているだろう。郵政法案を作成したときから、そんなことはあり得ないと筆者は説明してきた。しかし、まだそんなことを主張している人たちがいる。全く進歩がない。

実はＵＲを民営化しても大した問題にはならない。政治的に嫌だという人が反対しているだけだ。不動産だからそこそこ儲かっているという背景もたしかにあるが、儲かる、儲からないというよりは、いまのままのほうが官僚にとって使い勝手がいいからだ。官僚の既得権益の食い物になっているのだ。

ある民主党の大臣にも、ＵＲの民営化について進言したことがある。だが、彼は「絶対に嫌だ」と断った。

そういう世界が政治にはある。こういう案件を政治的に取り上げれば、既得権益の人がどんどんあぶり出されて面白いのだが、それをやるかやらないかは政治的エネルギーの問題だ。

民営化の成功例を作った中曽根元首相の功績

２０１９年11月、中曽根元首相が死去した。享年１０２だった。在任期間は１８０６日で、安倍晋三、佐藤栄作、吉田茂、小泉純一郎の各首相に次いで戦後第５位の長期政権だった。

首相在任中に日本国有鉄道（現ＪＲ各社）、日本電信電話公社（現ＮＴＴ各社）、日本専売公社（現ＪＴ）の３公社を民営化したのが大きな功績だった。

筆者は当時、これらの民営化に直接携わってはいなかったが、こうした事例はその後の郵政民営化や道路公団改革で大いに役立った。ただ郵政民営化については、民主党に政権交代してから事実上、再国営化されてしまった。昨今の経営不振や不祥事はその揺り戻しが原因だ。

ＪＲとＮＴＴはかなりうまくいっている。

旧国鉄はストライキが頻発し、殿様商売でどうしようもない経営だった。民営化以降は「補助金食い」から税金を払える企業へと変貌し、顧客サービスも向上した。

民営化はコストをかけずにパフォーマンスは落ちないから、実現すればコスパ面で成功確率が高い。3公社の民営化はコスパで考えれば成功例といっていい。

中曽根首相は、戦後の首相で初めて靖国神社に公式参拝し、防衛費の「国民総生産（GNP＝当時）比1％枠」を撤廃した。国政上はタブーとされていたことに果敢に挑んでいたのだ。

民営化や規制緩和は小さな政府を志向する。だから欧米では保守系政権でよく実施される経済政策だ。安全保障における国力増強路線も、保守がしばしば採用する。

その意味で、中曽根政権は経済政策も安全保障も典型的な保守とはいえ、欧米の保守政権と親和性があった。当時のアメリカのロナルド・レーガン政権やイギリスのサッチャー政権と良好な関係を築いていた。

1986年の衆参同日選挙で自民党を衆院300議席の圧勝に導き、党総裁任期を1年延長して続投し、売上税導入を目指した。

消費税が製造、卸、小売りといった取引の段階ごとに、各事業者の売上額を対象に都度課税されるのに対し、売上税は小売り段階のみに課税される。だから小売業者から猛反発をくらった。

売上税は大型間接税で、中曽根首相は選挙の際に「大型間接税と称するものはやらない」と発言していたが、選挙後に売上税法案を提出した。しかし、これが公約違反との批判を浴びたため断念している。

中曽根首相は、そのあたりは徹底したリアリストだった。こうしたことから、「政界の風見鶏」とも呼ばれたが、それもリアリストの真骨頂だ。少数派閥を率いながら長期政権になったのだから、政治家として優れていた証しだ。

中曽根政権は戦後初の本格的な欧米流保守政権だった。長期政権でもあったから欧米諸国のなかでも日本の存在感を示せた。日本の保守として避けられない憲法改正に本格的に取り組み、首相退任後も憲法改正草案の作成などで尽力していた。

財務省に餌付けされるマスコミ

「国の借金が過去最高」といった報道がいまもなされている。

たとえば、2021年8月10日の時事通信が配信した記事では、以下のように報じられている。

財務省は10日、国債や借入金などの残高を合計した「国の借金」が、6月末で1220

兆6368億円と過去最高を更新したと発表した。2月1日時点の推計人口（1億2301万人）を基に単純計算すると、国民一人当たりの借金は約992万円になる。

国の借金は国債、借入金、政府短期証券で構成される。残高合計は3月末に比べ4兆1735億円増加した。新型コロナウイルス対策の歳出や、高齢化で膨らむ社会保障費の増加を税収では賄えず、借金への依存が続いている。

こうした記事は、財務省がばら撒いた餌をマスコミが定期的に食って出ているだけだ。

国の借金データは3カ月に一度出される。中身は定型的で、財務省を取材する新聞社や通信社、放送局が加盟する記者クラブ「財政研究会」の担当記者、それもほとんど新入社員が先輩の原稿をなぞりながら書く。だから何回も同じような記事が数字だけ変えて出てくるのだ。

記者会見用の資料も丁寧に準備されているから、記者は記事を書きやすい。この記者会見用の資料は昔、筆者も役人時代に作っていた。マスコミはそのまままみんな載せる。完璧なコピペだ。新人記者が担当するからほかに気の利いた工夫ができない。それで財務省の言いなりになる。

3カ月に一度、そうやってマスコミが餌付けされている。餌を撒きにいくとハトみたいにばっと横並びして、エサを撒くとそのまま食べて記事になる典型例だ。

これは新人記者の訓練も兼ねているようで、上司もそれを容認している。役所から見ると餌付けの訓練で、マスコミ側から見ると新人の訓練というわけだ。

新聞社としては、国の借金のことを本当に信じているかどうかは関係ない。餌が3カ月に一度撒かれるから、ネタを取るために食わないと仕方ないという状態なのだ。

たしかに、国の借金額としては事実だし、筆者もこの数字そのものを否定したことはない。

問題なのはBSの見方だ。

企業のBSを見るとき、資産が左側に、負債が右側に書いてある。BSを分析するなら、この両方を合わせて見ないと全体の姿はわからないが、財務省はなぜか右側の負債の数字だけを発表している。資産の数字は3カ月に一度も出すことはない。

全てが真っ赤なウソというわけではなく、一部分しか見ていないという財務省の批判記事を書こうと思えば書ける。ただ、そんな記事を財研の記者が書こうものなら、財務省から餌をもらえなくなるかもしれないから書けない。そもそも新人記者はそんなことすらわからない。

餌を撒かれた新聞ばかり読んでいたら、読者も財務省に餌を食わされているのと同じだ。これは餌を配る人がいて、食う人がいる間は何も変わらない。

民間企業なら本社ビルなどが資産になるが、政府なら資産の多くは子会社の株式になる。子会社とは独立行政法人や特殊法人であり、そこへの貸付金や出資金が資産に計上されている。

だから資産を見れば、国の出資先がわかる。どの民間企業でも子会社の一覧がある。財務省も資産を表に出すと、そういうことまで公にしないといけなくなるから、一覧を作ると天下り先の企業の名が出てしまい都合が悪い。

実はそこがいちばん面白いから、マスコミも子会社の一覧表を出して、取材のなかで「借金だけではなく資産も知りたい」と財務省にいえば、財務省としても子会社の一覧表を出さざるを得なくなる。それで天下りの役員リストを一緒に要求すれば、官僚の天下り状況がわかる。

もし出せないとなれば、国に資産がないということだから、それはあり得ない。

筆者がマスコミの立場ならそういう記事を書けばいいと思うが、マスコミは餌を食っている立場だから、それ以上突っ込んだことは書けないのだろう。

政府保有株式（2020年度末時点）

特殊会社名	主務大臣	政府保有割合
日本たばこ産業	財務大臣	33.3%
日本政策投資銀行	財務大臣	100.0%
国際協力銀行	財務大臣	100.0%
輸出入・港湾関連情報処理センター	財務大臣	50.0%
日本政策金融公庫	財務大臣、厚生労働大臣、農林水産大臣、経済産業大臣	100.0%

財務省「国有財産の一覧」より

そもそも記者としての気骨があるかどうかよりも、BSに関する基礎知識があって分析できないと記事にはできない。そういう基礎教育をマスコミの人間は受けていないから書けないのだ。

BSの分析はけっこう難しく、もし本気でやるなら公認会計士を何人か雇わないと正確にわからないかもしれないというレベルだ。

しかし、そこまでして餌が少なくなったらマスコミも食い扶持に困り、「骨折り損のくたびれ儲け」になる。それなら普通に餌を食っていたほうが楽でいい。

「由らしむべし、知らしむべからず」という言葉がある。辞書的には、民衆を為政者に従わせればいい。施政の詳細を説明する必要はない。

民衆は法によって従わせることはできるが、道理を理解させることは難しいという意味だ。記者に依存させるだけさせてあまり情報を与えないというのは、官僚の基本だ。

財務省のＢＳは28年ほど前に筆者が作成した。

当時、省内の人間はみんな「そんなものを作るな」「外部に出すな」「他人に話すな」と反対していた。

１９９４年に作成し、２００４年ころまでずっと黙っていたが、政府首脳に「借金で大変だ」といわれたから、ＢＳを見せながら「資産がこれだけあるから大丈夫」と説明した。するとその政府首脳は驚いて、「そんないい資料があるなら早く出せ」といわれてようやく世に出た。

それで財務省から来ていた秘書官は本当に怒っていた。政府首脳の目の前ではさすがに怒れなかったようで、あとで筆者に「髙橋、何いってるんだ馬鹿野郎！」と怒鳴りながら電話がかかってきた。

いまやＢＳは、財務省ホームページなどで表に出回っているが、マスコミは自分でろくに読めないから財務省に説明を求める。

しかし、財務省は本当のことを教えてくれるはずもないから、真実の記事をずっと書けないでいる。餌を食わされる人とはそんなものだ。

マスコミが不勉強で会計知識がないから、財務省としては安泰だろう。こんな話をするのは、日本では筆者くらいしかいないようだ。財務諸表を作った本人だからいちばん詳しいに決まっているが。

ちなみに財務省は、海外に向けては「日本の財政は大丈夫」と宣伝している。海外向けにはBSがないと説明できないから、英語版ではきちんと作成している。それをあまりオープンにしないよう、海外投資家向けの会議などだけで使う。きちんと説明しないと、海外投資家が日本国債を買ってくれないからだ。

日本国内ではマスコミはそうしたことに言及しないし、財務省も積極的に公表しないという状態が続いている。

第3章　省益を優先する功罪

コロナの混乱に乗じた増税論

新型コロナウイルスの感染拡大が収束したら増税が必要だ――そんな議論がマスコミで報じられている。11年前の東日本大震災でも、日本の主流派経済学者は復興対策の財源として国債を発行し、その償還のために復興増税を主張した。多くの学者が賛同して復興増税（復興特別所得税）に至った。

菅前首相による「日本学術会議会員の任命問題」として2020年10月に話題になった日本学術会議からも、震災直後に復興増税の提言が出されていた。

こうした増税論の背後に財務省の影がちらついていたのはいうまでもない。

震災後は、ホップ（復興増税）、ステップ（8％への消費増税）、ジャンプ（10％への消費増税）と増税を実現していき、いままた新型コロナウイルスで増税しようとしている。

筆者は、東日本大震災による経済ショックは需要ショックだと予想していた。復興対策で国債を発行しても、それを日銀が購入すれば事実上、財政負担がなくなる。そう主張し、復興増税の流れを批判した。

もし日銀が購入しなくとも、数百年に一度レベルの経済ショックに対しては超長期国債で財源を確保し、償還も超長期にすれば当面の増税措置は不要だ。たとえば500年に一度の震災なら、５００年債で資金調達して毎年５００分の1ずつ償還すればいい。

　この考えは、何も筆者独自のものではない。従来の財政学で「課税平準化理論」として学部や大学院レベルで教えられているものだ。

　この理論に反し、古今東西行われたことのない愚策が実行された。大きな自然災害のあとに増税するなど、世界では聞いたことがない。こういう緊急時には、減税や給付金でGNP５％以上の経済成長を目指し、加えて金融緩和で対応するのが基本だ。これは専門家でなくてもわかることだ。

　いずれにせよ、復興増税は不要だった。

　しかし、当時の民主党政権は財務省の強力な後押しがあり、復興増税を選択した。結果として日本経済は、災害と増税で往復ビンタされたようなものだった。同時に、日本の主流派経済学者のレベルの低さを示してしまった。

　コロナ増税を主張するのは復興増税に賛同した人ばかりで、ここでも財務省が裏で動いているようだ。

　コロナ対策の財源は国債だが、日銀が購入するので実質的に財政負担はなく、将来世代への負担もない。この考えは、筆者が大蔵官僚時代から省内で公言してきた正統的な経済理論に基づくもので、それについてまともな反論を受けたことがない。

コロナ増税論者は正統的な経済理論を無視し、間違った意見をいい続けている人たちだ。国債の大量発行により財政危機になると思い込んでいるだけなので、それが間違っているというのはとても簡単だ。

岸田政権がガソリン減税しない理由

2022年1月、萩生田光一経産大臣がガソリン税の軽減を視野に追加対策を検討する可能性を示した。結論からいえば、これは早く実現すべきだ。

いまはガソリンの平均価格が一定の水準（今回は1リットル当たり170円）を超えると、価格を抑えるため石油元売り会社に補助金を出すという方法を採用している。

この補助金は1リットル当たり5円だったが、同年3月には25円に引き上げられた。予算規模は3500億円程度となる。この25円というのは、ガソリン税を1リットル当たり25・1円減税できる規定であるトリガー条項を意識したものとみられる。

こういうときにいちばん簡単な方法は、萩生田大臣も言及したガソリン税の減税だ。

ガソリン価格が160円とすると、そのうち50円くらいがガソリン税だ。さらに内訳を見ると、25円が本則の税金で、残り25円が暫定的に課している税金となっている。

行政的に考えると、このガソリン税を一時的に引き下げれば最も簡単かつわかりやすいガソリン価格の引き下げになる。それを可能にするのがトリガー条項だ。

ガソリン価格の高騰が続くなか、21年12月、日本維新の会と国民民主党が共同でこのトリガー条項の凍結を解除する法案を衆議院に提出した。

この制度は昔からあったから、その制度を復活させるという意味合いの法案だが、ガソリン価格を調整したいときにはガソリン税を一時的に取り下げるか減税するというのが本筋だ。

それなのに、岸田政権は補助金などと本筋とは全くずれたことをしているから、それはおかしいと筆者は主張してきた。すると、萩生田大臣もこの意見が正しすぎて反論できないから、ある程度認めざるを得なくなったのだろう。

ここで岸田政権のちゃぶ台返し（＝減税）を期待したくなるが、筆者の予想ではそう簡単にはできない。

少なくとも岸田政権は、税金については財務省の意見そのままだから、減税とはまず言わない。ガソリン税は特定財源ではなく一般財源なのだが、減税という話になると財務省が条件反射で反対してしまう。

それとともに、今回は経産省も絡んでいる。ここもそこそこ影響力がある。国交省もガソリン税については物申す立場の役所だ。

ガソリン税の歴史をたどると、ガソリン税は以前、特定財源で道路財源のほうに充当していた。だからガソリン税を下げると道路財源も下がった。

いまは一般財源化したからそういうことは明示されていない。だが、過去の経緯を多少引きずっている部分があるから、ガソリン税を下げると道路財源にも影響が出てしまうのではないかと国交省は心配している。

だから、まず国交省が嫌がる。財務省はガソリン税を減税したら、その流れがほかの税金に広がると困るというロジックで反対する。財務省には減税の「減」の字はない。あるのは増税だけだ。

経産省は割とニュートラルだが、一般的に減税すると財源が少なくなることに変わりはない。ここが官僚のいちばん弱いところで、官僚は減税が嫌いだ。あえていえば、増税して補助金などでばら撒くのが好きなのである。

そのため、ガソリン価格の調整に補助金を使っているのだ。

　こうした構造が岸田政権内部にあるから、財務省の言い分そのままになる。そこに国交省などほかの省庁も加担するから減税は進めにくい。だからちゃぶ台返しは起こりにくい。もし減税などといえば、岸田氏は財務省の一族に怒られるだろう。増税があり、減税がないのは、財務省の性みたいなものだから仕方ない。さらにいえば、ガソリン税減税ができるとなれば、消費税減税までできるとなって、財務省官僚は怒りまくるだろう。

マイナンバーで消費増税の必要がなくなる

　消費増税は所得格差の是正につながるのか。

　貧富の格差是正に１００％の解決法はない。要は、平等というものをどうとらえるかだ。「機会の平等」は確保すべきで、どんな人も同じチャンスを与えられるべきだが、「結果の平等」は確保できない。要するに、みんな平等に働ける機会だけは確保しておく必要がある。

　その結果としてお金持ちになるか、そうでないのかの道が分かれる。

　ただし、結果の平等は確保すべきではない。それを確保してしまうと、働いても働かなくても同じになってしまうからだ。結果の平等を確保してはいけないというのは、経済学の基本だ。

とはいえ、貧富の差が開きすぎたら看過できないということになる。それを補うのが累進課税制度だ。たくさん稼いだら、その分だけ多くの税金を納めるという方法で経済格差を調整する。

いくら制度の対象が富裕層だといっても、所得の100%を税金として取るわけにはいかないから、この制度をもってしても結果の平等は確保できない。

どの程度まで結果の平等を確保するかは国によって違う。民主主義国家なら、みんなで政治家を選んで決める。だから正解はない。

日本だけで見れば、たしかに昔と比べて格差は広がったといえるかもしれないが、こういうケースは世界で格差がどうなったかを見たほうがいい。ほかの国でも広がり方は似たりよったりだ。

以前、話題に上ったトマ・ピケティ氏の著書『21世紀の資本』の解説本を筆者は書いたことがある。ピケティ氏の著書に書かれていたが、第二次世界大戦後、一時期格差は縮小したが最近は再び拡大しているという。

歴史的に見ると、だいたい格差は広がるものだし、広がりやすいのは事実だ。お金持ちほど富めるようになるから、結果の平等というものはない。

だが、経済が成長すれば貧富の格差は縮まる。なぜなら貧困層の人でも所得が上がるからだ。

これは日本だけではなく万国共通だ。経済成長しさえすれば、下の層の人が上の層に上がってくる。みんなが稼げば貧富の格差は縮まる。逆に経済成長しないと、稼げる人間はもっと稼ぐが、稼げない人間はもっと稼げなくなるという悪循環に陥る。

「アベノミクスで富める人は富んだが、下の層は何も変わっていない」などと批判する人がいる。それはアベノミクスの成長が、60〜70年代の高度経済成長に比べれば大したことないからだ。

昔の高度経済成長のように、みんなの所得が上がって一億総中流みたいな状況になれば、下の層の人も上の層に上がってくる。そういう意味で格差が縮まりやすい。といっても上がり切るのは現在の世界では難しい。世界的に高度経済成長の時代が終わっているからだ。ただしアベノミクスはそれでも成長したほうだから、データを見れば、世界の国と比べても格差はそう広がっていないことがわかる。そう主張すると、左翼系の人は嫌がるだろうが、厳然たる事実だ。

すごく経済成長すれば格差は縮まるが、やはりゼロになることはない。その状態から格差を縮小するのが大変で、累進課税制度でしかやりようがない。

最初の問いの答えをいうと、消費増税は所得格差の是正にはつながらない。

一般的に格差を縮めるには、消費増税よりも累進課税のほうが効果は大きい。

しかし、政治的には消費増税のほうが簡単だ。とくに経団連の支持を得ようとすれば、消費増税のほうがしやすくなる。消費税率を上げ、社会保険料は上げないといったほうが経団連を味方につけやすいからだ。

国にとっては、消費税のほうが取りっぱぐれが少ないという背景もある。消費税は仕入れを控除しなければいけないが、仕入れのほうがインチキすると控除できない。これは税務当局としてはありがたくて、仕入れの控除をきちんとしないと税金を負けてもらえないから国民の相互監視が働く。

源泉徴収もそうで、企業としては損金を落としたくなるが、源泉徴収額を増やそうとすると個人が文句をいう。税金が増えるからだ。国民の相互監視が働くという意味で消費税に近い。

仕入れを控除するから、仕入れの側で適当にやられると税金を払う人が困ってしまう。だから国家が介入しなくても、源泉徴収や消費税は適正な税収が得やすい。

ただし、所得税は経費のところで国が全て介在しないとチェックできないから徴収漏れがけっこう多い。

いまはマイナンバーが入っているから、昔とは様相が変わってきた。

マイナンバーと国税を結びつける意味は大きい。マイナンバーと銀行口座をリンクさせれば、お金の流れがかなりの程度わかる。

昔はマイナンバーを導入しない前提で、消費税のほうが徴税効率が高くて国民の相互監視も働くから必要だというロジックだった。

しかし、最近はマイナンバーがあるから所得税もうまく捕捉できるはずだ。

財務省としては徴税しやすければどちらでもいいというスタンスだが、マイナンバーだけでは当分、税金を徴収しにくいと思っているのだろう。だから消費増税で取ろうとしているのだ。

マイナンバーが進んで銀行口座が把握できれば、躍起になって消費増税をしなくなる。

この理屈はマイナンバーがないと成立しない。下手に所得税に手を突っ込むとトラブルが増えるからだ。それもあって消費増税という理屈がまかり通っていた。

これは財務省が悪の権化で日本をつぶそうとしているといった類いの陰謀論ではなく、

ただ単に徴税しやすいかどうかというレベルの話だ。

経済安全保障法制準備室長の人事問題

陰謀論でいうと、経済安全保障法制準備室長の人事問題について、ネット上のコメントで「財務省と経産省の主導権争いで財務省が勝利した」といった話をしている人がいた。実際はどうなのか。

以下は2022年2月8日の共同通信の記事だ。

内閣官房は8日、経済安全保障法制準備室長を務める藤井敏彦国家安全保障局担当内閣審議官が同日付で経済産業省に出向する人事を発表した。同局は「処分につながる可能性のある行為を把握した」と説明しており、事実上の更迭とみられる。藤井氏は、岸田政権が目玉政策に位置付ける経済安保推進法案の準備作業で中核を担っていた。

後任には財務省出身の泉恒有内閣審議官が就く。政府は同法案の国会提出に向け、今月下旬に閣議決定する方針で作業を進めている。

政府関係者によると、藤井氏はタクシーチケットの利用方法や記者との関係などについて週刊誌の取材を受けていた。

実をいうと、内閣府の審議官クラスに人を出せる役所はあまりない。とくに経済安全保障というと関係省庁は限られてくる。

お金の取引でいろいろな規制をしている財務省、輸出入管理をしている経産省、あとは防衛省と外務省くらいだ。

人をどれだけ出せるかは役所の規模に依存してしまう。だから、もともと人が少ない防衛省は難しい。外務省は人が海外にいるから簡単に人事異動しにくい。「1カ月くらい待ってください」となることもあるからなかなか対応できない。だから、防衛省と外務省は幹部クラスを出せないだろう。

急な話のときに迅速に対応できるのは人が余っている役所しかない。そうなると必然的に財務省と経産省に絞られる。

そして経産省が引っ込んだとなれば、ほぼ消去法で財務省になってしまう。全く経済安全保障の業務とは関係のない厚労省の人を入れるわけにもいかない。だから今回のケースでは四つの省庁くらいしか有資格者がいないというわけだ。

両省の主導権争いなどと言っている人は、そういうメカニズムを知らないで書き込んでいるのだろう。ネットの書き込みは業務内容も知らないで書いているから、すごく馬鹿馬鹿しいものが多い。マスになると馬鹿が猛烈に増える。

読者にとっては単純でつまらない話かもしれないが、それが真実なのだ。

財務省が相続税をゼロにしない理由

たとえば、夫の両親から土地を譲ってもらってマイホームを建てるとき、贈与ならば贈与税がかかる。個人が所有する不動産を身内に譲るのに、なぜ税金を取られるのかと疑問を持つ人もいるだろう。

これは税金の基本論で、贈与税は相続税法のなかで決められており、贈与と相続には切っても切れない関係にある。

もし夫の両親が亡くなったときに相続するとなれば、これは相続税になる。要は生前に贈与されるか、死後に相続するかの違いだけだ。

仮に生前に譲った不動産は税金ゼロになれば、みんなが生前贈与してしまうだろう。そうなると相続税が取れなくなってしまう。

相続税法のなかに贈与税が入っているということは、つまり相続税を補完する意味で贈与税が決められており、抜け駆けはできないというわけだ。亡くなったあとにもらえば相続税、生前にもらえば贈与税という裏腹の関係にある。

そもそも、なぜ相続税や贈与税が必要なのか。

世界を見渡すと、シンガポール、カナダ、オーストラリアなど相続税がない国もある。相続税をなしにすることで、外国から移住してもらって人を呼び込みたいという意図がある。

税の理論で考えると、実は相続税は所得税と関係がある。生前に所得税で漏れなく税金を取れていれば、相続税はいらないという理屈だ。

しかし、生前にまんべんなく所得税を取れていないから亡くなったあとというわかりやすい時期に取っている。逆にいえば、生前に所得税をくまなく取れていれば、理論的には相続税はゼロになる。だから贈与税も必要なくなる。

これが相続税の基本である。生前の所得税の補完として相続税があるという考え方だ。所得税が高い国では相続税ゼロということもあり得る。所得税がまんべんなく取られていれば、亡くなった時点で納めるべき税金は全て納めているだろうとみなされるからだ。

その考え方に立つと、相続税をゼロにしようと思ったら、所得の捕捉率を１００％にすればいいということになる。

これはマイナンバーと銀行口座を紐づけすれば、かなりできるようになる。だから相続税ゼロの国が増えつつある。ＩＴ化によって所得の捕捉率が格段に高まっており、相続税はゼロでもいいと判断されているからだ。

もし所得の捕捉がきちんとできるようになっても相続税が残されるようなら、それは税金を納める側に知識がなく、財務省に何となくごまかされているからという結論になる。

生前の所得をマイナンバーなどできちんと捕捉できれば、実は法人税もゼロでいい。法人は個人の集合体だ。個人の所得税を完璧に取れないから法人税を取っているにすぎない。だから二重課税ではないという理屈になる。完全に個人の段階で所得を捕捉できているのに法人税を取るなら、それは二重課税になる。

個人の所得税で全て完結するかたちにすればいちばんすっきりする。個人の所得税をきちんと捕捉し、その代わりに法人税と相続税をゼロにする。これが理論的にはいちばん美しい姿だ。

こういう理屈さえわかっていれば議論ができるが、これがわからないと議論にならない。財務省も税金をごっそり取りたいがために、こんな理屈をわざわざ表立っては説明しない。言えば自分が不利になるからだ。どうせマスコミにはこの理屈はわからないだろうから、このままごまかしておけばいいとでも考えているのだろう。

筆者が話しているような理屈は所得税の基本理論だ。世界のほかの国で法人税を下げているのも、所得の捕捉率が上がっているからだ。

左派の人は相続税の話をすると、お金持ちから税金をもっと取れというが、富裕層に対する課税なら累進課税制度で生前に所得税をきちんと取れというほうが正しい。生きているうちに取ったほうが、より所得の再分配につながるからだ。

生前に税金を取り、所得税の捕捉率を高めて所得の再分配をせよというならまだしも、往々にして個人の所得をマイナンバーで捕捉することに反対する左派も多い。だから、こういう税金の基本理論について言いにくいのだ。

マイナンバーができたときに反対するのではなく、きちんと個人の所得を捕捉してみんなからまんべんなくしっかり税金を取ろうとでも言っておけばよかったのだ。そういう意味で、左派のロジックは崩壊している。

相続税の税収は2兆円ちょっとだから、全体の税収に対して割合は高くない。

14年までは基礎控除額が「5000万円＋1000万円×法定相続人の人数」だった。相続人が2人なら7000万円の基礎控除が受けられた計算だ。だから、以前は人口の4

%くらいしか相続税を払っていなかった。

それが15年以降、相続税法の改正により基礎控除が「3000万円＋600万円×法定相続人の人数」（相続人が2人なら4200万円）まで引き下げられた。これにより相続税を払う人が少し増えたが、それでも8%くらいしか払っていない。

控除額を引き下げることで払う対象者を増やしたのは事実だが、それでも国民の1割も払っていないから、その意味ではみんなが払う税金というわけではない。だからマイナンバーで所得税をきちんと捕捉できれば、相続税はゼロでもいいと思う。

こういうことは租税論の基本的な話だが、意外とわかっていない人が多い。しかし、こういう基礎知識を身につけていれば物の見え方が広がるし、ほかの人に意見しやすくなる。基本から大きく外れないようにしていれば、誰かに騙されることは減るだろう。

「法人税国際最低税率」導入の真相

2021年4月ごろ、「アメリカが法人税に世界共通の最低税率を導入するルールづくりを提唱した」と報じられた。その後、G7、OECD（経済協力開発機構）加盟国を中心に、「各国が企業誘致などを目的に繰り広げてきた法人税引き下げ競争に歯止めをかけるため、最低法人税率15％以上を目指すことで合意した」とも報じられた。

これについて理解するには、まず誰がそう言いだしたのかをはっきりさせないといけない。

発端はアメリカのイエレン財務長官だ。

背景としては、法人税を少し引き上げたいが、ほかの国の手前、自国だけ上げるのは嫌だからみんなで上げようという意図があった。

なぜ、アメリカはそう考えたのか。

アメリカの法人税率は、実は日本とあまり変わらない。先進国では普通の水準だ。だがトランプ政権のとき、法人税率を猛烈に下げてしまった。企業によってはほとんど法人税を払っていないというレベルになった。

アメリカのなかでも、バイデン大統領の民主党政権は企業寄りではなく労働者寄りの政党だ。だから政権交代後、企業に恩典を与えるトランプ政権の法人税率引き下げはけしからんという声が当然のように出てきた。

それで法人税率を戻す動きになるわけだが、よくよく考えてみたら、アメリカだけ法人税率を上げたら経済競争上、不利になる。だからG7やほかの国々も一緒に上げようというわけだ。

これはすごく党派的な話で、経緯を知れば知るほどアメリカの国内問題だと思うのが普通だろう。それなら、どうぞ国内で好きにすればいいというのが当たり前の考え方だし、それを他国に押しつけるのは筋違いというものだ。

もう一つアメリカの特色として、法人税率はそこそこ高いが、法人税収はとても低いということがある。ほかの先進国と比べて法人税率はごく普通だが、法人税収をGDP比で見ると日本の半分以下で、1・5％くらいしかない。

なぜ税率が高いのに、税収は少なくなるのか。

その答えは簡単だ。税率を高くしているが、一方で例外や抜け穴が多いからだ。それを企業は知っていて、税率は高いが実際に払う税金をタックスヘイブンなどあの手この手を駆使して少なくしている。それがアメリカの実態だ。

はっきり言ってアメリカの税制がザルだから、さまざまな企業が税金のかからないところに抜け出している。そんななかで法人税率を高くしようとすれば、ほかの国が「アメリカの税制がザルだからだろう」と不満を抱くのは当たり前だ。

課税が完全に免除されたり、著しく軽減されたりする国や地域であるタックスヘイブンを使って租税回避している人を見ると、アメリカ人ばかりだ。日本人はほとんどいない。だから本来はアメリカの問題だろうとしか言いようがない。

とはいえ、法人税率を下げるのをやめてタックスヘイブンに行かせないようにすれば解決するという問題ではない。

マスコミが法人税率引き上げを報道したいのは、財務省の息がかかっているからだ。いままで法人税率引き下げは、消費税の引き上げとバーターで実行してきた。だから法人税を元に戻したい。そういう財務省の意図があるから、本来ならアメリカ国内で済ませる話を、わざわざマスコミを使ってピックアップさせた。

マスコミの税金に関する報道は、ほとんど財務省の口パクだ。日本の法人税率を引き上げたいという意図があるから、そういう報道が好意的になされる。

アメリカがザルなのはロビー活動の結果もあるだろうが、もともと税制などが精緻ではないという国の特徴がある。

基本的に、法律には「アングロサクソン系」と「大陸系」がある。大陸系は抜け穴がないようにきちんと策定するが、アングロサクソン系はざっくりしている。いままでの慣習や判例で積み重ねていくから、ザルになりがちだ。

フランス、ドイツ、日本などはどちらかというと大陸系の法律だから、かなりきちんと書かれている。だが、イギリス、アメリカなどはアングロサクソン系でざっくりしているから例外が出やすい。

これは法律についての考え方の違いだからどうしようもない。

アングロサクソン系は、悪用されたら法律を直していけばいいという考え方のようだが、それでも直しきれないから税収が低いのだろう。

アメリカ的には、そこを直すのが大変だから、ほかの国を巻き込んでしまおうと思ったのではないか。本来は筋違いなのだが、自国だけ直すとなると国内で問題になってしまって大変だから、国際的な話にすり替えたのだと思う。

日本でも、アメリカは法人税率がそこそこなのに税収がすごく低いというデータはあまり知られていない。

タックスヘイブンに行く企業はけしからんから、そういうのをやめようという意見は正しいのだが、日本の企業はほとんどない。日本では、お金を国外に持ち出していることがわかると、かなり課税されるからだ。アメリカもそういうところを真似ればいいのにと思う。

法人税はいずれゼロになる理由

２０２１年10月、最低15％の共通税率を適用して企業の課税逃れ対策を強化するなどの国際課税改革について、ＯＥＣＤ加盟国など１３６の国や地域が最終合意したと報じられた。

これについて麻生太郎氏が「１００年ぶりの大改革」と言っていた。

その本質について考え、未来予測をしてみよう。

各国の法人税率は、実はＯＥＣＤの資料を調べたら簡単にわかる。ＯＥＣＤ各国の法人税率はほぼ20〜30％の間だ。

それを最低15％にしたところで、懐が痛むのはアイルランドとハンガリーの2カ国くらいで、あとの国は全く痛くない。なぜなら、すでに15％よりも高いからだ。合意したところで痛くもかゆくもないから、普通は合意する。

アイルランドとハンガリーは困るから、当初は難色を示していた。その後、ＯＥＣＤの声明文案から最低法人税率に関して「少なくとも15％」の「少なくとも」の文言が削除さ

OECD諸国の法人税率比較（2020年）

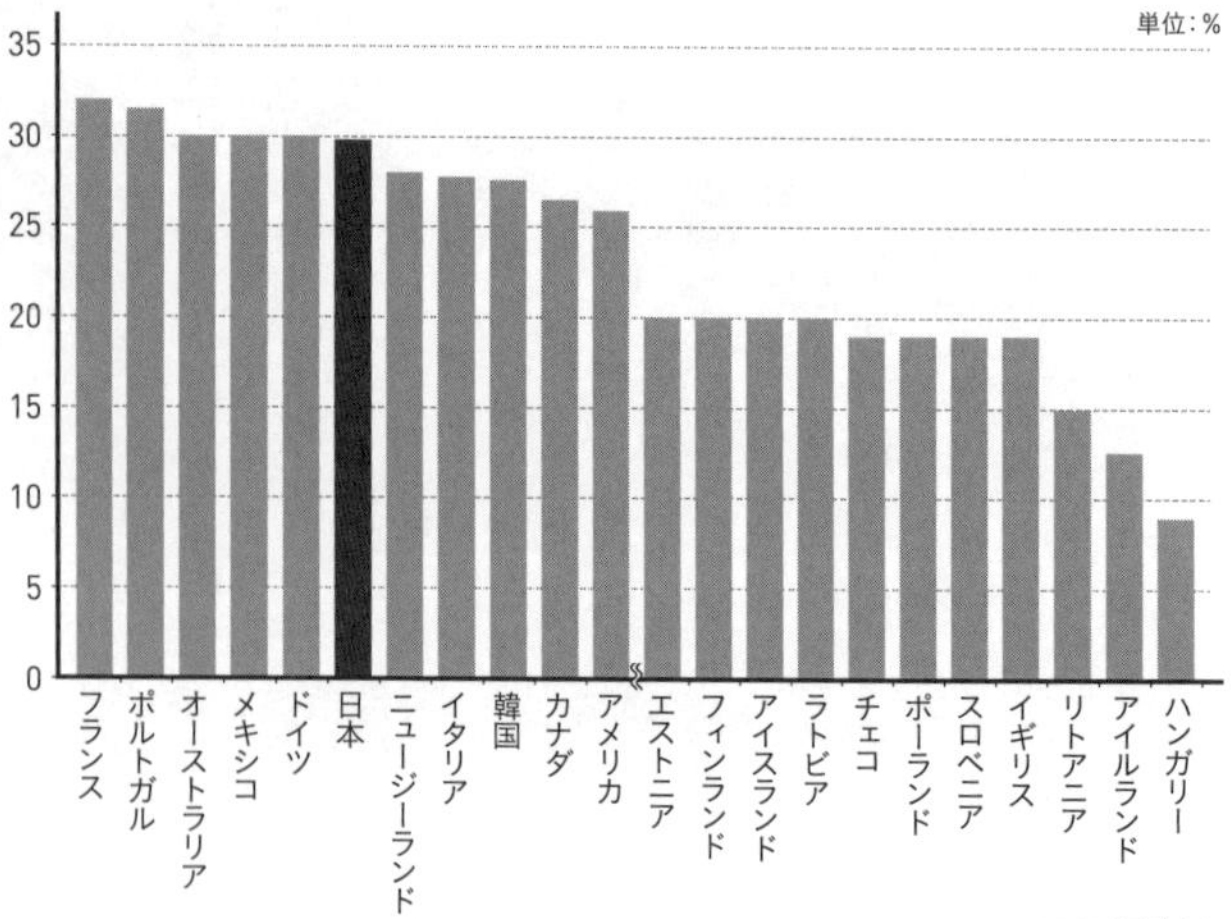

OECD資料より

れ、15%より高くなる可能性がなくなったから、アイルランドとハンガリーも合意に至った。

　これが100年ぶりの大改革だというのだが、では100年前に何があったのか。

　100年前といえば1920年ごろで、第一次世界大戦の直後だ。税制改革として何があったのかというと、現在の国際課税ルールが整備された。それが100年ぶりに新ルールになることを麻生氏は指しているのだろうが、それが「大改革」かどうかは怪しい。

　これによって実際に法人税率が上がる国があるかと聞いたところで、おそらくないからだ。15％より低い国で、かつ外国資本を受け入れている国は税金を上げないといけなくなる。そんなことをしたら、すぐに外国資本が逃げていく。それは困るから当面は何ら変化がないとしか言いようがない。

もともと税金は国家主権に関わる問題だから、各国が勝手に決めるものだ。勝手に決められなくなったら、国家主権がないのかといわれてしまう。だから、よほどの事情がない限り、みんな勝手に決める。

将来予測をすれば、当面ずっと法人税率は各国が勝手に決めるだろう。そこは変化がない。

この話はタックスヘイブンを使う大企業がテーマになっているが、それはそれで国家主権があって、外国資本を優遇して資本導入する国があるというだけの話で終わる。

国家主権を制限したいなら、その国を滅ぼさないと無理だ。それぞれの国は同じ立場にあり、主権があって内政干渉をしないという原則がある。国際公約も、自国に支障が出ない範囲でしか公約できない。

アイルランドとハンガリーが難渋していたのも、そういう背景がある。

先進国から見れば、アイルランドなどが低い法人税率で海外から大企業を集めていて、自国で税金を取りっぱぐれたことに腹が立ったのだろう。

そうはいっても、アイルランドが「はい、そうですか」と簡単に全ての外資系多国籍企業の法人税率を上げるわけがないし、アイルランドに本社を置く自国企業も戻ってはこない。

「法人税率を下げるのはけしからん」と各国税務当局が思っているのは事実だが、どうしても税率の低い国に法人は逃げていくから仕方ない。

法人税の本質を少し話すと、法人税率が理論的にいくらまで下がるか実は明らかになっている。答えは「ゼロ」だ。

各国で個人に対する課税は必ず行われるわけだが、法人にも課税されたら、法人に属している個人にとっては二重課税になる。だから法人税は本来ゼロであるべきだ。

なぜ法人税がゼロにならないのかといえば、何度も言うように個人の段階での所得捕捉が十分ではないからだ。だから法人からも少し取っておくというのが法人税の理論だ。

逆にいえば、個人の段階できちんと所得捕捉できるようになれば、二重課税廃止の観点から法人税はゼロになるという理論が成り立つ。

所得税が完璧に取れるなら、役員報酬、資産課税、賃金報酬から全て取れる。法人はあってないようなものになる。いわゆる社会的に実在するのではなく、法律上の目的のために設定されている、法人擬制説という考え方だ。経済理論にはこの擬制説しかない。「ゼロ」が理想的だとすると、各国で法人税を課さず、デジタル化して個人段階で捕捉漏れがないようにきちんと課していくという流れになるだろう。デジタル化が進み、個人がどんどん捕捉しやすくなる。所得税のかたちで税金を取れるようになってきたから、法人税を下げてきたというのが実情だ。

左派系には法人税率が低いのはけしからんという人は多いが、理論的には、筆者はきちんとどこかで税金を取ればいいと言っているだけだ。

法人は実在するわけではない。個人の集合体だから、個人段階で税金を全て捕捉できれば法人に課す必要はない。個人の集合体に税金を課すと二重課税になるということは、誰も否定できないだろう。二重課税は排除しないといけないというのも否定できないロジックだ。

たとえば、車は二重課税になっているからおかしい。だから、だんだん排除されていくだろう。所得税にも累進課税があるから、そもそも二重課税は望ましくないといわれたら法人税はゼロのほうに収束していく。

そういう理論もあるから、はっきり言って法人税率15％以上というのは論理的根拠がないし、こういう解説は財務省も絶対にしない。

雇用保険料値上げを虎視眈々と狙う理由

２０２２年２月、政府が雇用保険料の引き上げを柱とする雇用保険法などの改正案を閣議決定した。現在は労使で賃金の計０・９％を負担する保険料率を２段階で引き上げて、同年４月から９月は０・95％、10月から23年３月は１・35％にする。

新型コロナウイルスで枯渇した財源を手当てするのが目的だそうだが、この雇用保険料の値上げは笑い話にしかならない。

もともとは取りすぎていたものを雇用調整助成金などで還元しただけだから、また取りすぎたいのかとすら思える。そんなに税収を貯めこみたいのだろうか。

一般的に雇用保険の引き上げは、失業者がすごく増えて失業給付を出しまくり、お金が枯渇してしまうという状況なら仕方ない。だが、それが無いときにたまたま取りすぎたお金を還元しただけで、また保険料を引き上げるというのはおかしい。少なくとも国家運営の正しい方法ではない。

過剰に積立金があってはいけないのが保険というものだ。最低限必要な額だけにとどめる必要がある。

こういう議論をするときは、どのくらい積立金額が必要かを計算すればいい。

現在は雇用が比較的安定していて大量に失業給付が出ているわけではない。だから、雇用保険の状態としては悪くない。それなのになぜ引き上げたいのか。

保険というものはどれも同じだが、有事の際にどれだけお金が出ていくのか、雇用保険ならどのくらい失業が増えるかに左右される。その見通しをきちんと示し、保険料で足りなくなったら上げるという順番でないといけない。

有事でないときに上げる必要はない。保険料率を適当に上げられる前提になってしまうとこういう議論が出てくるが、本来は保険の原理できちんと計算してから変更するものだから、そこはきっちりしたほうがいい。

こういう値上げに関しては、財政健全化の必要性を盾に財務省が言いだす。雇用保険を保険だと思わないで、少しでも貯めておけという腹づもりなのだろう。保険の厳格なる数理を無視しているのだろうか。

細かいことをいえば、金融庁が保険料の認可を出している。金融庁は内閣府の外局だが、前身は大蔵省銀行局（保険部も含む）および証券局で、現在の金融庁幹部は大蔵省入省組だ。

だから、民間の保険料を認可するのと同じ手続きを雇用保険料にもすればいい。

民間の保険料は、今後こういうリスクがあり支出がこれくらい見込まれる。しかし、絶対にこの収支だと追いつかないといった理屈をきちんと説明し、それが認められた場合にしか上がらない。

それと同じ手続きで雇用保険料の値上げも検討してみたらどうか。

本当に値上げが必要なら、民間の保険料と同じ手続きで正々堂々と数字を出してもらえば理解できるかもしれないし、できないかもしれない。

ただ、こんな一方的な財務省の意見だけで判断してはいけない。本当に保険を理解しているのかと問いたくなる。

財務省としては、コロナ禍が収まれば増税の方向に持っていきたいのが見え見えだ。リーマン・ショックでは、財務省はほとんど何も対策を取らなかった。円高になるのも放置していた。東日本大震災では対策を取ったが、財源は復興特別所得税という増税で賄った。リーマン・ショックで何もしなかったこと、東日本大震災の復興を増税で対応したこと。

これは二つとも大きな間違いだ。

この話は安倍元首相には何回もしたから、反省も込めてコロナ禍では国債を発行し、日銀に買い取らせた。日銀は政府の子会社だから、そこへ利払いしても全て戻ってくるから負担がない。だから今回は増税なしでいいという話で落ち着いた。

財務省はそのロジックが嫌だから、増税路線の岸田政権になって隙あらば増税しようと画策している。

財務官僚はそんなに甘い人たちではないから、こんなときでも雇用保険料の引き上げというかたちで増税をしてくる。

増税を決めた財務官僚は、財務省のなかで「よくぞ増税した」と褒められて出世できる。だから復興増税のような税理論から外れたことでも平気だ。民主党政権はそれに騙されたが、安倍政権は騙されず増税しなかった。それが岸田政権で息を吹き返しているのだ。

財務省が教育国債を発行しない理由

日本は、教育への公的支出が世界で最下位だといわれる。これはＯＥＣＤできちんとしたデータがある。問題はそのデータの読み方だ。

ＯＥＣＤのデータを見ると、初等教育と高等教育で分かれており、日本は初等教育で36カ国中33位と下のほうになる。高等教育は37カ国中19位で真ん中あたりだ。だから二つ足しても最下位ということはない。

初等・中等教育は小学校、中学校で、いわゆる義務教育だ。その上は高等教育と分ける。教育は公的だけではなく民間もある。教育指数を見るときには民間のものと合わせるのがよくあるパターンだ。

ＯＥＣＤのデータも公的と民間を分けており、民間を含めると日本はそこまで低くない。国によっては公的な学校ばかりのところもあるが、日本の場合は高等教育まで受けることが多いから、民間の学校が多い。

初等教育にも民間分野はある。本当は教育の指数を見るときに、公的教育だけで見るということ自体、バイアスがかかっている。もちろん公的だけ見てもいいのだが、それだけで教育にかけるお金が世界最下位だというのは誤解を招く。

こういうデータはまず、全てを正確に読み解くことが大事だ。インターネットでよくあるような、都合のいいところだけを切り抜いた話を鵜呑みにするのはとても危険だ。

筆者はこの手の話を聞くとき、最初の前提条件のところで疑問を持つようにしている。

そして徹底的に調べるだけだ。

もし前提がいい加減だと、その後の推論は何をいっても正しいと見なされてしまう。それが論理学である。

たとえば、ＰならばＱという論理学の命題があるとしよう。Ｐという前提とＱという結論がともに正しい、もしくはともに正しくないという場合もあるのだが、重要なのは最初のＰという前提がウソだとしたら、どんな推論をしてもＱという結論が正しい推論になるということだ。

「正しい推論」というのは変な言い方かもしれないが、「お前が天才なら俺の母は超人だ」と結論付けたとき、「お前が天才」といういい加減な前提だと、「俺の母は超人」という結論に至った推論は正しいと判断されてしまう。

だから議論で重要なのは前提なのだ。

「公的支出が少ない」という前提で話が出てきたとき、その前提が正しいかどうかをまず考えてみよう。

教育を論じるなら、公的と民間の両方を合わせて見るのが妥当ではないかと思ったほうがいい。もしくは「公的支出を増やせ」という答えに誘導されていると考えよう。

公的支出が足りない、公的支出を増やせというのを言いたい人は、たいてい公立学校の先生だ。

率直にいえば、「俺たちの給与を上げろ」というのに近くて、それはそれでありかもしれない。だが普通に考えると、公的な部分が足りなければ支出を増やしてもいいという立場の人もいれば、公的支出だけ増やすと教育がうまくいかなくなるから民間の塾などにもあわせて支出を増やせという立場の人もいる。日本では高等教育は民間が多いから、そういうところで補えばいいという人もいるのだ。

そこから、公立学校の先生は硬直化していて、民間の予備校などのほうが教え方はうまい。そちらにお金をつぎ込んだほうが教育レベルは上がるのではないかなど、さまざまな議論ができるようになる。

公的資金を出せば、公的な部分が少し増えるが、教育としては全てを公立に任せると問題がある。私学に対しても、重要な部分は公的資金で面倒を見るとか、そうしたさまざまな組み合わせが必要だ。

公的支出を増やしたときに、どのくらいコストパフォーマンスがいいのか。それを分析する「コストベネフィット分析」というのがある。

日本だと、公的支出を増やすほどコスパが高い国になる。公的な助成を増やすと教育効果が高くなるといわれている国だから、その意味では教育効果があるうちは公的資金を教育につぎ込んでいい。だから筆者は、公的資金を教育につぎ込むのに反対ではない。

現にその一環として、17年に安倍首相は「誰もが希望すれば高校にも、専修学校、大学にも進学できる環境を整えなければならない」として、教育無償化とその財源となる教育国債について、首相在任中に言及してくれた。

「教育国債でさまざまな支出を賄う。とくに子どもに対する投資はコスパが非常にいい」と、筆者は安倍元首相に伝えていた。

教育というのは将来への投資だ。「教育こそが最大の投資」という言葉がある。これは、教育は将来の保険といった意味合いではなく、子どもの教育にたくさん投資して教育水準を高め、社会に出てたくさん稼いでもらい、そこから返してくれという話だ。

だから、教育投資には国債が向いている。どの国も国債で投資するものだが、それを保険で賄うという話は、小泉進次郎氏の「こども保険」という発想が出るまで聞いたことがなかった。

教育国債はかつていい線までいったが、筆者が自民党で説明している間に、財務省が財政制度等審議会を開いて教育国債をつぶしていた。新聞の扱いも財政審の意見が大きく出ており、自民党の話はすごく小さくなってしまった。だから結果的にうまくいかなかった。教育国債を推してくれたのは下村博文氏だから、彼が要職に就けば、またこういう話ができるかもしれない。

教育国債はどんどん出せばいい。将来への投資だし、コスパが非常にいいからだ。教育による経済効果が高いというのはOECDの研究にもあるから、授業料の無償化などは国債で財源を賄い、その子どもたちが将来的に稼いで返してくれればいいと考えたほうがスッキリする。

これは赤字国債とは違い、将来投資しているから建設国債と同じ性質のものだ。実は財務省のなかにも、子どもに対する将来投資だから建設国債で賄うという理論もある。

筆者の手元にある小村武・元大蔵事務次官の『予算と財政法』(五訂版)の99ページに興味深い記述がある。この本は財政法の逐条解説で、財務省主計局の法規バイブルだ。事実上、財務省の公的見解といってもいい。このなかには筆者が役人のときに書いた文章も少しある。

同書には、「投資の対象が、通常の道路や橋のような有形固定資産であれば国債で賄うのは当然のこととしているが、研究開発費についても、例として、基礎研究や教育のような無形固定資産の場合も、建設国債の対象経費とし得る」といったことが書かれている。

筆者がこの内容を世間にばらしたので、財務省はさぞかし困ったことだろう。現在５回も改訂されているが、この文言はずっと残っている。しかし、もしかして６回目の改訂で削除されるかもしれない。

日本の研究論文が過去最低な理由

２０２１年８月、文部科学省の科学技術・学術政策研究所（ＮＩＳＴＥＰ）は「科学技術指標２０２１」を公表した。日本など世界主要国の科学技術に関する研究活動を分析したものだ。それによれば、日本の自然科学系論文数が過去最低の10位になったという。日本の科学研究力は明らかに落ちてきている。20年前、10年前と比べるとかなり違う。

そのことは、自然科学の論文数と、ほかの論文に多く引用される注目度の高い論文を示す指標「Ｔｏｐ10％補正論文数」からも見てとれる。全論文数は10年前から日本だけほぼ横ばいで、ほかの国が伸びているから相対的にシェアは下がっている。全論文数が横ばい

Top10%補正論文数（分数カウント）

97〜99年	07〜09年	17〜19年
アメリカ	アメリカ	中国
イギリス	中国	アメリカ
ドイツ	イギリス	イギリス
日本	ドイツ	ドイツ
フランス	日本	イタリア
カナダ	フランス	オーストラリア
イタリア	カナダ	カナダ
オランダ	イタリア	フランス
オーストラリア	オーストラリア	インド
スペイン	スペイン	日本

科学技術・学術政策研究所「科学技術指標2021」より

だから、引用される論文も少なくなっているという感じだ。

このデータを少し長いスパンで見ると、GDPの大きさの推移とそっくりだ。

実は、GDPの大きさで金メダルが何個取れるのかがほぼ推計できる。

それと同じ手法で見ると、各国のGDPシェアと論文数シェアがほとんどそっくりなのだ。

日本はGDPが伸びてないから論文数がほぼ横ばいで、かつ引用される論文数のシェアがさらに減ってきているという説明ができる。

GDPが伸びないと研究費が少なくなって科学研究力が落ちる。オリンピックの金メダルも全く同じで、国家のスポーツに対する助成が減れば成績も落ちる。

さまざまな分野に予算があるから、自分の研究にだけお金をくれというのは難しい。だから全体の研究費のパイを大きくするのがいちばんいいが、そのためにはＧＤＰをある程度伸ばさないと駄目だ。

筆者は10年以上も前、そんな論文を書いたが、残念ながら予想通り日本は駄目になっている。

これから何年か先、日本人のノーベル賞受賞はものすごく苦しくなる。だいたいノーベル賞は20年から30年前の研究の成果が反映される。そのころに論文がたくさん出ていれば、それが現在のノーベル賞に関係する。だから10年くらい先のノーベル賞受賞はすごく苦しくなるだろう。

筆者は何とか日本の科学研究力を復活させたいと思い、安倍政権が終わる３年ほど前から研究開発にお金をつぎ込まないといけないと主張してきた。財務省からさんざん叩かれたが、３年にわたって議論し、安倍政権も最後の最後のときになって、ようやく10兆円規模の研究開発ファンドというのができた。

その研究ファンドから研究資金を少しだけ多めに出せるようなった。

10兆円というのは文科省予算の2倍だから、けっこうすごい。ファンドから取り崩しながら徐々に使っていく。当面は取り崩さずに運用益で回していくかもしれない。

いずれにせよ、最終的にはこのファンドは取り崩して研究資金に回す。投資資金と一緒だ。

研究開発というのはすぐに効果が出ない。だが、20年くらいのスパンで見れば結構元が取れる。それでいいだろうというので進めたが、10兆円ファンドというのはいままでにないほどの規模だったこともあり、財務省は猛反対した。もちろんいまでも反対している。

筆者は当初、研究ファンドを文科省の予算でさせようと思っていたが、文科省だけではできなかった。だから内閣府と文科省の共管になっている。

詳しい話はメディアではほとんど報道されなかったが、研究開発が駄目になると困るから必死になって3年間くらいかけて立ち上げた。これは菅政権でも引き継がれた。

このファンドの成果が出るのは、筆者が生きている間はおそらく無理だろう。20年ぐらい先の話だから。

もちろん一気に10兆円の予算を組むというわけではなく、徐々に積み増しして最終的に10兆円規模にするという話だ。さすがに一気に10兆円は無理だったから、数年間で10兆円になっていくだろう。

研究ファンドの配分が決まってくれれば、大学や研究所などの基礎研究に配分されていく。そうなると、これまで研究費が足りなかったところにとっては朗報になるだろう。

一方で、こういうときには必ず「選択と集中が必要だ」などと言いだす人もいるが、筆者は一貫して「選択と集中というな。選択と集中なんてできるわけがない」と突っぱねて計画を進めてきた。もちろん多少の選考は必要だが、なるべく多くの研究者たちにお金が行き渡るほうがいい。だから従来のような「予算が少ないから選択と集中」というロジックを使うなと何度も訴えてきた。

こういうことは、財務省が記者にレクチャーしないからマスコミも報道しない。むしろ、筆者の名前と話を引用しつつ「とんでもない制度だ」などと書く新聞もあった。しかし世界を見渡せば、似たような事例はあり、そういうのを参考にしながら進めてきた。それがいまのご時世では「無駄遣い」と批判される。記者は財務省の顔色をうかがいながら記事を書いているからだろう。

仮に書こうとしても、財務省に細かいことまで聞きにいかないといけないが、どうせ話してはくれない。もちろん筆者に聞けばすぐにわかる話なのだが、財務省記者クラブ所属の記者がそれをすると財務省からいじめられてしまう。記事を書けば筆者が情報ソースだということはすぐにわかるからだ。

炭素税はレベニュー・ニュートラルではない

最近、「脱炭素」という文脈でよく出て来る「炭素税」について考えてみよう。

炭素税とは、石炭、石油、天然ガスなどの化石燃料に、炭素の含有量に応じてかける税金のことだ。化石燃料の需要を抑制し、二酸化炭素排出量を抑えるという経済的な政策手段である。

炭素税を取り仕切る環境省は、実は財務省の植民地みたいなところがある。財務省出身者が環境省の事務次官も担うからだ。だから炭素税も一生懸命に取り組む。

炭素税を導入している国は海外でもけっこうあるから、税金としては無理筋というわけではない。

ただし、日本では絶対に環境省と財務省がいわないことが一つある。

実は炭素税を導入する際には「レベニュー・ニュートラル」といって、導入する分はどこかで減税するのが常識だ。日本ではそれに触れず、炭素税の必要性だけを主張し、レベニュー・ニュートラルの話を一切避けて通ろうとしている。これがおかしい。

世界でよくある税金なのは認めるが、経済成長にとって負荷とならないよう、単なる増税にならないようにどの国でも相応の対策をしている。

そういうことを日本では、菅政権の環境大臣だった小泉進次郎氏は述べなかったし、財務省もそうだった。事務方は財務省が担当しているから、小泉氏に少し知恵があればレベニュー・ニュートラルについて質問していたはずだが、おそらくしていないだろう。何も聞かれないから事務方も話さなくていいということになり、何となく増税だけの話になっている。

炭素税がレベニュー・ニュートラルでない国はなく、それくらい常識的な話なのだが、財務省はそれを絶対に言わない。マスコミもそれについては聞かない。

このまま進めるなら、ガソリン税を上げるような話でとんでもないことになる。

普通なら、炭素税を上げたらガソリン税をなくすなどして二重課税を防ぐのが常識だ。それならいまと同じ負担だから、ある程度は正当化できる。いままでガソリン税と呼んでいたのを炭素税と呼び方を変えるだけなら筆者も納得できるのだが、ガソリン税はそのままで炭素税だけを新たに取るというのは訳がわからない。

財務省の「三大馬鹿査定」とは

昭和の時代、「三大馬鹿査定」といわれるものがあった。大蔵省の時代の話だが、省内で税金の莫大な無駄遣いを表す比喩表現として都市伝説のように語られてきた。

予算査定ののち、主計局主計官が記者レクチャーする機会がある。記者は主計官の話を聞かないと記事を書けないから聞きに行く。

1987年、田谷廣明という主計官が翌88年度の予算原案の大蔵省内示のときに「三大馬鹿査定がある」と話してしまった。

筆者も大蔵官僚だったから「ああ、あの話をしたのか」とよく覚えている。当時話題になったから、少し調べれば内容はすぐにわかる。

田谷氏が三大馬鹿といったのは、戦艦大和・武蔵、伊勢湾干拓、青函トンネルだ。

戦艦大和・武蔵は、航空機の時代に戦艦を造ったというので時代錯誤といわれた。それはまだわかる。伊勢湾干拓も、大堤防を造ったその外で干拓したことで無用の長物となった。これはないだろうというので、それもわかる。昔の話だから、いろいろと手順を間違えたのだろう。

戦艦大和・武蔵、伊勢湾干拓については、筆者も田谷氏の意見を理解できたが、青函トンネルは別にあっても悪くないと思っていた。

田谷氏は「官民一体で要望しながら、できあがってみれば無用のものだという声が出ている」と批判していたが、筆者は青函トンネルには経済効果があったと考えている。だから大蔵省内で聞きながら「青函トンネルはそんなに馬鹿かな？」と疑問だった。

そもそも田谷主計官が三大馬鹿査定と批判した背景には、当時の政権が整備新幹線着工を予算化することに反対する意図があった。

田谷氏の意見では、戦艦大和・武蔵を建造したのと同じで、いまさら新幹線を造っても時代遅れだ。これを大蔵省が認めれば、ほかの馬鹿査定を押しのけて三大馬鹿査定の一つに数えられるだろう、ということだった。

当時、計画を推進したのは自民党幹事長の安倍晋太郎氏や、運輸大臣でのちに東京都知事となった石原慎太郎氏で、青函トンネルの予算を政治的に押し切って獲得した。それに腹を立てた田谷主計官が、記者レクチャーでくだをまいたというわけだ。

先見の明は政治家と大蔵官僚、どちらにあったのか。筆者が感じたのは、馬鹿査定というくらいならもう少しきちんとデータで示す必要があったということだ。

戦艦大和・武蔵と伊勢湾干拓に関してはまだしも、青函トンネルは建設コストの問題はあるにせよ、どれくらい乗降客がいるかで経済的メリットがわかる。

当時は乗降客があまりいないから青函トンネルは駄目だという話だったが、これに安全保障の観点を加えると「青函トンネルはありだな」と筆者は考えた。たとえば、北海道が他国から占領されたとき、青函トンネルから本州に渡って逃げられる。

田谷主計官は整備新幹線の話に終始しており、「新幹線なんか田舎だと駄目だ、乗降客が少ないから新幹線の時代ではない」と言い切ってしまった。いまから見ればそれは大きな間違いだったことが誰でもわかる。新幹線はコストパフォーマンスがいいし、環境にも優しいし、輸送効率も高い。

こういう話をするとき、大蔵省内で合理的に判断する手法はあった。それが先にも触れた「コストベネフィット（CB）分析」だ。

公共事業がもたらすベネフィット（利益）が、コスト（費用）より多ければOKという考え方だが、田谷主計官やほかの大蔵省の職員はこれをろくに計算できなかった。

なぜ筆者がこの話をできるかというと、当時のCB分析のチェックをほとんど筆者がしていたからだ。空港なども含めてほとんど全てのチェックを頼まれていた。しかし田谷主計官はCB分析の方法がわからない。

それで筆者がCB分析したら、青函トンネルはOKだった。トンネルを開発して、もし乗降客が少なくても、ほかのいろんな計算をしてみると経済効果が認められた。たとえば、新幹線が開通したら地価が上がるといったことを含めて計算すれば、結構採算が取れるとわかったのだ。

結局「三大馬鹿査定がある」と田谷主計官が口を滑らせたのは、別に公共事業としてはOKなのに、政治的に押し切られたことに対して腹が立っていたというだけの話だ。政治家の直感のほうが正しかったのだ。

筆者は、全ての公共事業をCB分析で計算して、良し悪しを判断すればいいという立場だ。コストに見合わないというなら、ベネフィットよりコストが大きいということをデータで示せばいい。

しかし、田谷主計官など普通の大蔵官僚にはそれができないから、政治家のように口頭で訴えるだけだ。政治家ならそれでもいいが、役人は筆者のように科学的な手法で反論しなければならない。

「この人はくだをまくしかできないのか」と率直に思ったし、法学部など文系には計算ができないのだとも思った。文系でも構わないが、せめて役人は計算ができる人間のほうがいい。矢野氏のように「大和魂」とか訳のわからないことを言い、会計がわからないような人間もいる。それと同じだ。

筆者はただ会計の立場から計算してBSを作り、客観的に判断するだけだ。矢野氏もそうすればいい。反対だ、無駄遣いだ、というなら数字で示せばいいだけだ。

令和の大馬鹿という意味では、財務諸表も読めないで緊縮財政だと言っていることに尽きる。財政が危なくないのに危ないと思い込み、借金の大きさだけで財政危機論を煽るのは馬鹿以下だ。

財務省が金塊をしこたま持っていた理由

2021年11月、財務省が金塊を保有していることがニュースになった。造るあてのない記念貨幣のために材料の金をためすぎ——。財務省が保有する金塊などを会計検査院が調べたところ、19年度末時点で計129・49トンに上っていたことがわかった。

同省は市中から回収した貨幣を、新たな貨幣の材料として使う。特に金塊や延べ棒など金地金は記念貨幣の材料となる。

検査院が調べた19年度末は14年度から４・54トン増えた一方、記念貨幣は減少傾向だ。86〜87年の昭和天皇在位60年の記念貨幣は金２２０トンを使い１１００万枚を発行したが、97年以降は使用量が激減。18〜20年に発行された東京五輪記念貨幣も、使われた金は１・91トンだった。

検査院は「材料として使う見込みがない金を保有し続けるのは不適切」と指摘。売却の検討などを求めたところ、同省は今年３月に外国為替資金特別会計に80・76トンを５４２０億３１４８万円で売却した。取材に「金を一気に市場に流すわけにもいかず、どう処分するかは長年の課題だった。今回はたまたま売却先が見つかった」とした。

（『朝日新聞』21年11月５日）

筆者は政府のＢＳを作成したが、そのときからこの金塊もきちんと計上されていた。だから別に財務省が金塊を隠し持っていたという話ではない。会計上、きちんと「その他」のなかに数字としてある。

では、なぜそんなにたくさん保有していたのか。読者のなかにはそんな疑問を抱いた人もいるだろう。財務省内で仕事をしていた人はみんな知っている話だが、マスコミには公にしていなかったからいままで知られていなかっただけだ。

記事にもある通り、昭和天皇在位60年の記念貨幣という10万円金貨がポイントだ。これはすごく柔らかくて、透明のパックに入っている。柔らかいということは、金の含有量が多すぎたのだ。

場合によっては金にしたほうが儲かるから溶かされたという話も聞こえてきた。その逸話自体、金がたくさん含まれていたことを表している。

なぜそんなことになったのか。当時、担当していた課長が金貨の造り方を知らなかったというのが理由だ。

金貨という響きだけで「全て金だと思っていた」という。たくさん金を入れないといけないと思い込んだから、金をたくさん買ってしまったというわけだ。

実際にかなり金を含有させたが、それは「貨幣」の製造方法としては全くの間違いだ。貨幣は原料コストが安くても実際の価値とは関係ないのに、全くそういうことがわからない素人がやってしまったというのが真実だ。

100%純粋な金貨もあるにはある。だが貨幣という観点で見れば、造り方のセオリーから外れていてとんでもない話だ。

金の含有量を多くしないといけないという単なる思い込みから、貨幣としては柔らかすぎて、貨幣にもならずパックしないと普通に流通させられなくなってしまった。これはとんでもない大失敗だった。

貨幣なら、金の含有量は少なくてもいい。金の含有量を多くするなら、発売価格を100万円くらいにしてもよかった。それをなぜ10万円で売ってしまったのかという話だ。

貨幣なら普通、製造原価は1割ちょっとでいい。仮に純金にするなら額面は100万円くらいにすれば問題なかったが、そういう知識がなかったから金をたくさん集めてしまった。それが全て使えずに余ってしまったのだ。情けないというしかない。

間違えてたくさん金を集めてしまったから、それから先は秘密裏にしてしまったのは事実だ。当時、いろいろな世界で「なんか最近金が足りない」という話があった。一部は売却したが、その金はまだ財務省内に保管してある。

売ってもいいし、保管してもいい。財務省の特別会計に外国為替資金特別会計（外為特会）というのがあり、そこが金などを持っている。そこに売るというのは、普通に一般会計からそちらに移しているだけだ。

金額としては数千億円だから大した規模ではない。

本当は金の含有量を少なくするか、もしくは額面を高くするかして、そこで儲けたほうがよかった。金の含有量を1割にしておけば9割は儲かるから、発行すればいくらでも儲かる。貨幣は含有量を少なくして高く売るというのが基本の政策だ。それならばっちり税収を得られた。そこまでの知恵も働かなかったようだ。だから税収的にはほとんどプラスマイナスゼロだった。まったく大蔵（財務）官僚というのはどうしようもない人たちだ。

たとえば、1万円札の製造原価をご存じだろうか。これは国家機密なので本来言ってはいけないことになっているが、世間的にいわれているのは20円だ。だから1万円札を刷れば9980円儲かる。

この「儲かる」という意味が民間人にはわからないと思う。お札を民間で刷れば、偽造罪で捕まってしまうから、民間でお札をするという発想は無理だ。

お札や貨幣は普通の人には発行できないが、日銀が原価20円で発行してそれを外に持っていけば1万円と交換できる。それで発生する通貨発行益（seigniorage）というのは、重要な国家収入の一つだ。

国債を発行して日銀に買わせているが、これはお札を刷って買っているから利払費は日銀に払うが、その利払費用はすぐ政府に戻ってくる。日銀は1万円札を刷るたびに9980円儲かるから、刷ったお札の分だけ利益になる。その利益も全て政府のほうに持ってきている。

先日１００兆円規模の経済対策を実施したが、それは通貨発行益で賄えるからだ。そういうメカニズムを知っている人間から見れば、この金貨のやり方は馬鹿以下だ。しかも当時の課長はその後、財務省内で結構偉くなった。

第4章　財政破綻を煽る手口

財務省が日本経済の破綻を騒ぐ理由

「このままではいずれ日本は財政破綻する」――そういわれるようになって久しい。

だが、日本は一向に財政破綻していないし、その兆しもない。

それなのに財務省はいまだにそういってはばからない。10万円給付金、過去最大の予算規模107兆円などと伝えられるたび、財務省は「子どもたちの将来にツケを回すことになる」といった懸念の声を上げる。

会計学、金融工学からいっても、そもそも国家財政を借金だけで考えること自体がおかしい。これは世界の一般常識なのだが、日本の財務省にはそれが通じない。

財務省キャリアには東大法学部出身者が多いが、そこで会計学、金融工学はあまり教えられていないからだ。

金融工学を学ぶには一定の数学知識が必要だが、日本の文系では少々荷が重い。東大では実学とみなされ、学問としての格が低く重要視されていないのが現状だ。

といっても、財務省は矢野論文が出るまで財政破綻論を表立っては言わず、裏でこっそり言っていた。

あるいは、財務官僚なら「国の財務状況は会計的な財務諸表ではわからない」という反論もするだろう。その証拠に破綻した自治体の財務諸表を持ち出してくるかもしれない。会計に無知なマスコミや学者はそれに騙される。

だが、もしそんな反論を持ち出そうものなら、それは財務官僚の思い上がりだ。世界では企業会計から派生した「公会計」というものがあり、会計原理がしっかり機能している。財務官僚はこうしたことをもっと勉強すべきだろう。

なぜ財務省は財政破綻論を唱えるのか。

大前提として押さえておきたいのは、財務省は「隙あらばいつでも増税に踏み切りたい人たちの集団」だということだ。

税金を集めて財政再建したいから、といったきれいごとではない。増税すれば財務省の予算権限、いわゆる「歳出権」が強くなり、各省に対して恩を売ることができるからだ。ひいては将来の天下り先の確保につながるという思惑もある。この歳出権に基づき、財務省の行動を説明するのは「学問」の常であるが、ひょっとしたら、単に財務官僚は会計その他の基本知識がないだけなのかもしれない。

もちろん経済成長すれば成長した分だけ税収も増えるが、それでは誰も財務省に恩を感じることがない。しかし、増税すれば実質的に予算が膨らみ、経済成長による税収増加分も、増税を決めた財務省のおかげということになる。それにより予算配分のとき、財務省は各省庁に恩を着せることができるというわけだ。恩を受けた省庁は見返りとして、自分が所管する法人などに財務省からの天下りを受け入れるという構図ができあがる。

増税するときは、必ずといっていいほど「例外措置」が設けられる。

最近でいえば新聞の軽減税率などがわかりやすい。一律増税ではなく、ケース・バイ・ケースで税が軽減されたり、特定の業界を増税の例外にするなどの優遇措置がとられる。

たとえば2014年に消費税を5%から8%に増税したときは軽減税率が議論され、10%への増税の際もキャッシュレス決済なら中小店舗で5%、大規模チェーン店などで2%のポイント還元が期間限定で実施されるなどした。

実はどういう例外措置が設けられるかは財務省のさじ加減だ。例外措置を設けるためにもっともらしい理屈をつけるが、実はこの業界を特例扱いすればこんな利益があるだろうという計算が裏で働いている。その業界への天下り先の確保につながるからだ。

歪められた「統合政府バランスシート」

日本の借金は、財務省が公表している国のBSを基に、国債と借入金、政府短期証券の残高を合計して1200兆円以上あるとされている。

だが、この借金はないも同然だ。それはなぜか。

金融緩和政策により、日本銀行が国の借金である国債を買い続けており、いずれこの借金は消えるからだ。

ここでのポイントは、政府と日銀の財布を一体とみなすことと、国債を買う原資として通貨発行権を活用していることだ。

日銀には政府が55%出資している。日銀法では政府による役員任命権と予算認可権を定めており、日銀は政府のコントロール下にあると考えられている。

民間の会社なら、親会社と子会社の関係だと会計上も連結対象にしなければならない。これを国に当てはめて連結ベースで作ったBSが「統合政府BS」だ。経済学でも日銀と政府を統合政府として、一体のものとして分析する。

借金が多いから財政破綻につながるという論は、この統合政府BSを見ればウソだとすぐわかる。

ブルームバーグは19年2月、元財務官僚の小黒一正法政大学教授への取材記事のなかで「国債の平均償還期限が10年として計算すると、金利が1%上昇すると利払い費は毎年1

政府の連結バランスシートのイメージ

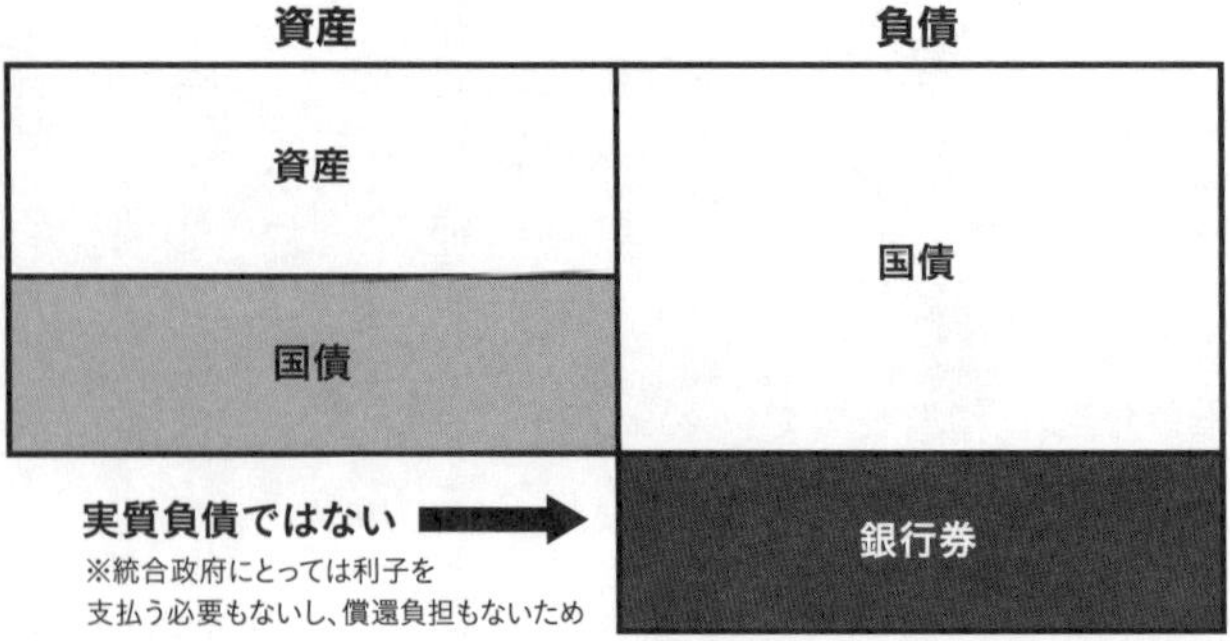

財務省「国の財務諸表」より筆者が作成

日銀による国債購入の流れ

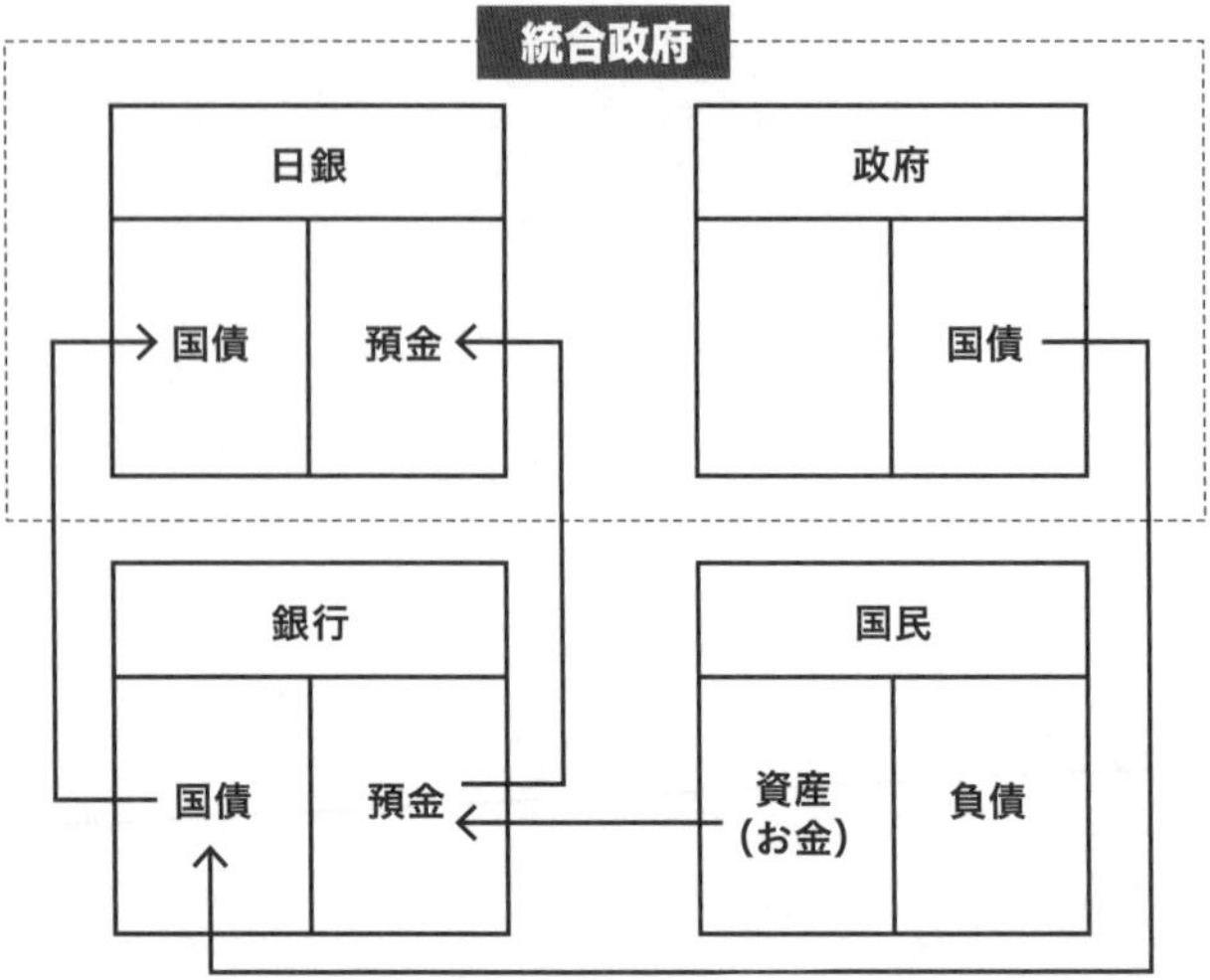

編集部で作成

兆円ずつ増え10年間で10兆円増となるが、名目成長率は１％上昇しても約70兆円の税収等は０・７兆円しか増えないので、財政収支はさらに悪化するという」と報じた。

実は、名目成長率の上げ幅と名目金利の上げ幅は長期的には同じだ。その理屈でいえば、経済成長すれば金利も上がって税収よりも利払費が多くなるから、いずれ財政破綻するという話になる。

だが、統合政府ＢＳを見ればそれは誤りであることがわかる。小黒氏の理屈では資産を見ていないからだ。

実は金利が１％上昇すれば、金利収入（資産）は10兆円増加する。

こんなのは誰でもわかる話だが、一般的に知られていないのは、財政には何も問題がないということを財務省が明かしたくないからだ。

だから相変わらず「政府の負債が大きいから増税が必要」と言い続けて財政破綻を煽っている。その根幹には天下り先確保のために権限を強化しておきたいという財務省の思惑がある。

筆者が統合政府ＢＳをもとに「実質的に国には借金がない」というと、財務省の洗脳を受けている人にはトリックのように見えるらしい。

矢野康治財務次官の『文藝春秋』への寄稿について、鈴木俊一財務相は中身に問題はないと説明した。麻生太郎前財務相からも了解を得ているのだろう。

誰でも意見を述べるのは自由だが、前提が間違っていたら話にならないというのが筆者の立場だ。

人によって、この寄稿に対する反応が異なるので、どういう人かがわかりやすい。

岸田文雄首相はテレビ番組で「いろいろな議論はあっていいが、いったん方向が決まったら関係者はしっかりと協力してもらわなければならない」と述べて釘を刺した。高市早苗政調会長は、同日の別のテレビ番組で「大変失礼な言い方だ」と不快感を示した。安倍晋三元首相は「あの論文は間違っている」と明快だ。経済同友会の櫻田謙悟代表幹事は100%賛成するといって擁護した。

矢野氏の寄稿に対する各人の意見は、実はそのまま会計学、金融工学の基礎知識があるかどうかのリトマス試験紙になっている。

まず会計学の立場から見てみよう。

序章でも触れた通り、矢野氏が財政危機の根拠として示しているデータは「ワニの口」と称される一般会計収支の不均衡と債務残高の大きさだけだ。

全ての政府関係予算が含まれる包括的な財務諸表は、小泉政権以降、毎年公表されている。

この財務諸表はしっかりした会計基準でグループ決算が示されている。

それからすれば、矢野氏の財政データは企業の一部門の収支とBSの右側の負債だけしかない欠陥品だ。

財務省が公表している連結ベースの財務諸表には日銀が含まれていない。

日銀は金融政策では政府から独立しているが、会計的には連結対象で、財務分析でも連結すべきものだ。

日銀を連結すれば、ざっくりいうと資産１５００兆円、負債は国債１５００兆円、銀行券５００兆円となる。銀行券は無利子無償還で形式上は負債だが実質上は負債ではない。

だから日本の財政は危機ではない。

次に金融工学の立場から見てみよう。

日本国債の５年クレジット・デフォルト・スワップ（ＣＤＳ）は０・００１８８％だから、日本の５年以内の破綻確率は１％にも満たない。これは大学院レベルの金融工学知識があればわかるし、ＢＳで見る破綻確率の考察とも整合性がとれる。

矢野氏の財政破綻論は、降水確率予想がゼロなのに「今日は台風が来る」と言っているレベルの滑稽な話なのだ。

だがマスコミを含め、ほとんどの人が内容のおかしさを指摘しない。寄稿を出すに至った手続き論ばかりをいう。

全くの間違いを財務省の事務方トップが平然と言ってのけるほうが、はるかに深刻だ。矢野氏の寄稿の一件は、会計学、金融工学の基礎知識のない人が財務省のトップに居座っていることを世界に知らしめた。

「22年度予算案が107兆円超えで厳しい財政運営」のインチキ

2022年度予算案の一般会計総額107兆円超えで厳しい財政運営が続く。そんな記事が出た。

筆者はメディアなどでこの論調はインチキだと話しているが、理解していない人も多いようだから細かく説明しておきたい。

まず国家予算は、一般会計、特別会計、政府関係予算の三つで成り立っている。

一般会計の予算書というのがあり、それに予算の全てが書かれている。この予算書は印刷局で印刷し、通常国会までに冊子ができている。

一般会計の予算書はだいたい１０００ページで厚さが10センチはある。特別会計にも予算書があり、こちらも１０００ページで厚さ10センチだ。政府関係予算は薄くて数十ページである。

つまり、一般会計と特別会計を合わせると２０００ページの書類となる。

財務省がマスコミ向けの説明会（記者レクチャー）で細かくそれを説明しても、普通の記者は絶対に理解できない。それなのに説明するのは面倒だから、要約した資料を記者に渡している。

そのとき実は一般会計の要約しか渡しておらず、特別会計の話には一切触れない。特別会計抜きの一般会計だけで話すのは、矢野氏が『文藝春秋』で論じたのとまったく同じ手法だ。

財務省が特別会計の話をせずに一般会計だけ論じるというのは、典型的なパターンだ。

財務省のホームページに掲載されている「令和４年度予算フレーム」という資料を見ると、矢野氏が述べている一般会計の借金がいかにでたらめな数字かがわかる。

21年（令和３年）度も22年（令和４年）度も同じ構造だが、上に一般会計から出ていく

2022年度予算フレーム（歳出・歳入の状況）

単位：億円

		21年度予算	22年度予算	前年差
歳出	**一般歳出**	669,023	673,746	4,723
	社会保障関係費	358,343	362,735	4,393
	社会保障関係費以外	260,681	261,011	330
	新型コロナウイルス感染症対策予備費	50,000	50,000	-
	地方交付税交付金等	159,489	158,825	△ 664
	国債費	237,585	243,393	5,808
	うち債務償還費（交付国債分を除く）	147,317	156,325	9,008
	うち利払費	85,036	82,472	△ 2,563
	計	**1,066,097**	**1,075,964**	**9,867**
歳入	**税収**	574,480	652,350	77,870
	その他収入	55,647	54,354	△ 1,293
	公債金（歳出と税収等との差額）	435,970	369,260	△ 66,710
	債務償還費相当分（交付国債分を除く）	147,317	156,325	9,008
	利払費相当分	85,036	82,472	△ 2,563
	政策的支出による赤字相当分（基礎的財政収支赤字）	203,617	130,462	△ 73,155
	計	**1,066,097**	**1,075,964**	**9,867**

財務省「令和4年度予算フレーム」より

お金（歳出）があって、下に一般会計に入ってくるお金（歳入）がある。

歳出と歳入のうち、税以外が国債になる。ざっくりいえば、22年度歳出予算が107兆5964億円ある。歳入の値も同じ107兆5964億円だ。

歳入のなかに「税収」「その他収入」という項目があり、税収は65兆2350億円、その他収入が5兆4354億円となっている。歳出と税収などとの差額の

「公債金」が36兆9260億円だ。

こうして見てみるとわかりやすいが、マスコミが強調するのは「107兆円」の部分だけだ。マスコミは税収が65兆円で国債発行が36・9兆円もあるから大変だと騒ぐが、財務省の資料を見ると財政破綻論のからくりが透けて見える。

歳出の「国債費」という項目を見ると、22年度予算で24兆3393億円となっている。そのうち「債務償還費（交付国債分を除く）」「利払費」というのがある。これは会計上、分けて書かないといけないからそうしている。

国債費と聞くと、多くの人は借金の金利がこれだけだとすぐに思い込む。財務省も内訳はあまり言わないが、会計的にはあえて分けないといけないから書いてある。

利払費は8兆2472億円、債務償還費は15兆6325億円。要は、利払費より債務償還費が大きいのだ。

これは歳出だから、一般会計から15兆6325億円を特別会計、正確な名前をいうと「国債整理基金特別会計」に移しているお金ということになる。だから歳出なのは間違いなく、一般会計から出ていく。

今度は歳入のほうを見ると、公債金のなかに「債務償還費相当分（交付国債分を除く）」と書いてあり、金額は15兆6325億円で歳出の債務償還費とまったく同じ数字になっている。収入、支出の両建てになっているということは「本当はこの数字はなくても大丈夫なのではないか」と考えるのが普通だろう。

そう聞くと財務省などは「これは一般会計の債務償還のために、一般会計から特別会計へ繰り入れたお金だ」と説明するだろう。それで特別会計の予算書を見ると、財政破綻論のからくりの本質が簡単にわかってしまう。

一般会計からの債務償還費と特別会計が発行した国債、いわゆる「借換債」、その二つの収入で国債を償還している。一般会計からの15兆円が仮になくなったらどうなるかといえば、借換債をたくさん発行するだけだ。

特別会計のほうから見ると、特別会計の借換債を出せるから、その数字が変わるだけ。借換債という名前からもわかるように、借り換えているだけだからまったく債務は増えない。

これはどういう操作かというと、一般会計からわざと15兆円を膨らませて特別会計に入れ、借換債の発行を少なくしているだけだ。借換債で発行したお金と一般会計のお金を一緒にして借り換えているから、債務に対してまったく影響はない。

これは過去にも例があって、一般会計の国債が大きくなりすぎると「ちょっと大丈夫なのか？」という話が出る。そういうときは債務償還費を落として国債を発行すればいい。少なくとも見かけ上は国債発行を減らせる。

歳出と歳入に「15兆６３２５億円」という同じ数字が並んでいるのは変だ。

記者は財務省に「なぜ同じ数字が並んでいるのか？」と質問してみたらいい。こういう仕組みは海外でもあるが、同じ数字を並べるわけにいかないから絶対に会計上は書かない。

国際基準でこの予算を見ると、公債金の36兆９２６０億円のうち新規発行額が15兆円くらいだから、22兆円くらいしか実は国債が発行されていない。債務償還費として特別会計に繰り入れて、借り換えるための資金をわざわざ一般会計で余計に調達したというだけだ。

この数字にごまかされてしまい、国債発行が36・９兆円もあって大変だというが、本当は22兆円くらいしかないといったらみんな驚く。

22兆円こそが本当の意味で新たに発行された国債額なのだ。国際基準では両建てを落として22兆円として計上する。

筆者は過去、両建てせずに予算を組んだことがあるが何の支障も生じなかった。

借換債を特別会計で発行し、それで借り換えているから何の支障もない。

要は、財務省の予算はただ単に新規国債の数字を膨らませるためだけの会計操作だ。

新規国債が22兆円なら過去と比べても大きな問題ではない。

おそらく日本銀行が20兆円以上は買うだろう。債務が22兆円増えているのに日銀が20兆円以上は絶対に買うから、広い意味での政府の連結グループ決算のネット債務残高はもっと減る。

それなのに財政再建が必要だといっているのが矢野氏であり財務省なのだ。

リフレ派とMMT派のミスリードを誘う手口

現代貨幣理論（Modern Monetary Theory／以下MMT）という言葉が日本のメディアで取り上げられている。簡単にいえば、政府が膨大な借金を抱えても財政に問題はないということだ。

この考え方は、アメリカの主流経済学者からは批判されている。筆者もいろいろ調べてみたが、さっぱり中身がわからない。通常の経済理論は誤解のないように数式モデルで構成されているが、MMTは雰囲気の記述ばかりでそれがまったくないからだ。

ワルラス法則とミクロ主体予算制約式

P1：財価格, y：財供給, c：財消費, r：債券利回り, P2：債券価格, b：家計保有債券, bf：企業保有債券, bc：政府保有債券, W：賃金, ls：労働供給, ld：労働需要, MS：マネー供給, MD：マネー需要, S：通貨発行益　とする。

家計の予算制約式は、

$$W(t)*ls(t)+(1+r(t))*P2(t)*b(t-1)+MD(t-1)+S(t)=P1(t)*c(t)+MD(t)+P2(t)*b(t)$$

企業の予算制約式は、

$$P1(t)*y(t)=r(t)*P2(t)*bf(t-1)+W(t)*ld(t)$$

政府の予算制約式は、

$$MS(t)+MS(t-1)+r(t)*P2(t)*bc(t-1)=S(t)+P2(t)*(bc(t)-bc(t-1))$$

となる。

$MD(t-1)=MS(t-1)$,　$bf(t-1)=b(t-1)+bc(t-1)$

が常に成り立つので、

$$P1(t)*(y(t)-c(t))+P2(t)*(b(t-1)-b(t))+P2(t)*(bc(t-1)-bc(t))+W(t)*(ls(t)-ld(t))=MD(t)-MS(t)$$

となる。

筆者が作成

アメリカの主流経済学者もおそらく筆者と同じ感想で、論評する以前の問題だと思っているのだろう。

一般人には数式の有無など関係ないかもしれないが、専門家の間では大問題だ。相対性理論を数式なしに雰囲気で説明することはできても、数式なしでは正確なＧＰＳは作れない。

日本では、筆者のような経済学者は「リフレ派」といわれる。統合政府では財政再建の必要性はなく、インフレ目標に達するまでは財政問題を気にする必要はないと主張している人がそう括られている。

リフレ派は、世界の経済学者であれば誰でも理解可能なように「ワルラス式」「統合政府」「インフレ目標」の三つで構成される数式モデルを用意してきた。

このモデル式を使えば、金融政策と財政政策をどれくらい発動すればインフレ率がどう変化するのか、ある程度は定量的にわかる。この定量関係は黒田東彦氏が日銀総裁になったときに採用された。

私のようなリフレ派は数式モデルで説明するから、アメリカの主流経済学者からもおおむね賛同されている。

だが日本では、リフレ派の主張はよくMMTの主張と混同される。筆者からすれば、数式モデルがないMMTでどうして財政問題に対する結論が出てくるのかよくわからない。

たとえばMMTを引用した報道で、日本政府の借金が仮に5000兆円になってもまったく問題ないというくだりがある。リフレ派の数式モデルだと国債を5000兆円も発行するとインフレ率が1000%程度になるから大問題だ。

そう指摘するとMMT論者は「インフレになるまでは借金をするという意味だ」という。しかし、インフレ目標2%以内という条件なら5000兆円の国債を発行するまで数十年を要する。数字が非現実的すぎるし、いろいろとツッコミどころだらけだ。

もっとも財務省にとって、日本でMMTとリフレ派が混同されるのは好都合のようだ。

ＭＭＴはアメリカ主流経済学者が否定し、しかも定量的な議論に弱い。つまり財務省にとってはツッコミどころ満載だからだ。

一方のリフレ派はアメリカ主流経済学者も賛同しているし、定量的議論のうえで財政再建は必要ないと言ってるから財務省にとっては目障りなのだ。

財務省は、ＭＭＴを潰せばリフレ派も自動的に抹殺できると思っている節がある。財務省にとって最大の悲願だった消費増税のために、理論武装が弱いＭＭＴを標的にし、それとともにリフレ派も葬り去りたかったのかもしれない。

ＭＭＴよりリフレ派のほうがはるか昔から存在している。

筆者はリフレ派の創始メンバーの一人とされているが、アメリカに留学して帰ってきた01年からずっと活動している。ほかのリフレ派は筆者よりも少し前、１９９９年ごろからいる。

ＭＭＴがはやりだしたのはごく最近で、少なくともアメリカの主流経済学者のなかでセオリーだと思っている人はいない。ごく一部の経済学者の政治的な活動によるものだ。

98年に筆者がプリンストン大学へ留学したとき、バーナンキ、クルーグマン、スティグリッツなどのちのノーベル賞受賞者がいたが、そういう人たちの理論がベースとなってリフレ派の理論が完成した。そういう意味でリフレ派はもともとアメリカの正統経済学だ。そうした流れがあるのに、筆者もＭＭＴ論者と混同されるのはあり得ない。主張はたしかに一部は似ている。アメリカの正統経済学者も捉え方は同じで、リフレ派とＭＭＴは似ていると思っているが、むしろ筆者としては単なるパクりだと思う。

リフレ政策は金融政策ばかりで財政政策を考えていないと批判する人もいるが、それは間違いだ。

リフレ派の理論は正統経済学だから、ワルラス式という6個くらいの方程式で全て考える。もしワルラス式を知りたければ、岩田規久男編『まずデフレをとめよ』（２００３年、日本経済新聞社）に式が書いてある。

これらのモデル式から、金融政策と財政政策をどの程度発動するとインフレ率がどう変化するかが、ある程度定量的にわかるようになっている。バーナンキやクルーグマンに確認したら「その通りだ」と言っていた。

式を6個にするか7個にするかという差はあるが、それは誤差にすぎない。基本的には何本かの式を連立方程式で考え、それにインフレ目標、統合政府という考えを入れて解くのが普通だ。

だがＭＭＴにはこうした数式モデルがない。基本的に定性的な話に終始したり、６個のうち１個の式だけを使ったりする。

だからＭＭＴの理論ベースは、少なくともリフレ派、アメリカの正統経済学の部分集合だ。意見が似てしまうのは、定量的な議論ができず、都合のいいところだけをパクっているからだ。

「プライマリーバランス黒字化」の大ウソ

22年１月14日、内閣府は経済財政諮問会議で、26年までに基礎的財政収支（プライマリーバランス、ＰＢ）を黒字化するという試算を発表した。

それによれば、21年度の国と地方を合わせたＰＢは、歳出が30兆円を超える規模の補正予算を編成したことで42兆７０００億円の赤字になるという。今後の見通しについて、物価の変動を除いた実質で年間２％程度の高めの経済成長を前提としたケースで、25年度は１兆７０００億円の赤字になるが、26年度は２０００億円、試算の最終年度である31年度には８兆８０００億円の黒字になると見込む。

一方、経済成長が実質で年間１％程度なら、25年度は４兆７０００億円の赤字、31年度でも4兆6000億円の赤字が残るという。

この試算は歳出削減と増税への布石だろうか。はっきりいって、いまのタイミングでPBの黒字化など目指すべきではない。新型コロナウイルス対策やワクチン接種の話はなかなか進まないのに、こういう話だけは着々と進めている。あまりにもアンバランスだ。

新型コロナウイルス対応とPBの黒字化、もしどちらがいますぐ必要かと聞かれれば、圧倒的に前者だ。後者は当面、日本経済には関係ないから急ぐ必要はない。新型コロナウイルス対応などを適切にすべきで、財政の話を急ぐ理由がわからない。

いまのPBの赤字は国内総生産（GDP）比で9％くらいだ。40兆〜50兆円の赤字は、普通の景気回復だと3年くらいでは黒字にならない。だからこういう目標を立てるということは当然、増税による税収アップを視野に入れている。

こんなときに何年も先の増税の話をするのはおかしい。

試算について、岸田首相は本来ならコメントしなくていいのに「目標を堅持する」と言っていた。ということは、財務省がシナリオを描いていまのこのタイミングでいわせているのだ。

22年1月17日、国会で財政演説が行われた。ここでも財務大臣が同じようなことを言っていたから、政府の方針としては決まりということだ。

将来的にどのくらいの増税になるか。経済成長の度合いによって変わってくるが、もし消費増税でＰＢ黒字化を目指すなら２〜３％の上げ幅が必要になるだろう。

ＰＢというのは、そもそも借金の数字だけを管理するための手法で、ＰＢが黒字になればグロスのＧＤＰ比の借金は大きくならないということはいえる。

ただ、本来は借金だけを見ていてもダメで、資産を差し引かないといけない。そうするとＰＢは、本当はネット債務残高を管理するものといえる。資産と借金はいつもセットで、たとえば相続の際に資産を相続したいとなれば、いいとこ取りをさせないために親が抱えている借金も相続しないといけない。

しかし、財務省は借金の話だけをして資産の話はしない。だからいいとこ取りしているのだ。

資産を加味しないといけないと指摘すると、以前は財務省の反論として「資産は売れない」というのがお決まりだった。

あるテレビ放送で、財務省の反論と同じことを有名なジャーナリストが筆者にいってきた。しかし、その人はジャーナリストだから何も本当のことを知らなかった。筆者は心のなかで「しめた！」と思い、「資産の大半は売れる」と逆襲した。

そのテレビ放送では具体的な数字までは述べなかったが、8割くらいは金融資産だから売れる。さらに、この金融資産とは政府の出資金や貸付金だということを明かした。これは天下り先への大事な「米びつ」だから、全て売ってしまったら財務省から天下りできなくなる。だから「売れない」のではなく「売らない」のだとも教えた。

すると、そのジャーナリストはあっけにとられたように目が点になっていた。こんな逆襲をくらうとは夢にも思っていなかったのだろう。彼は財務省にいわれるがまま話していたのだ。

この強烈な逆襲をして以降、財務省は「資産を売れない」とは表に出さなくなった。相変わらずインターネットなどでは、財務省の飼い犬みたいな人たちが資産は売れないと書いているが。

民営化すると金融資産を売ることになるから、みんな民営化に反対する。天下りできなくなるからだ。政府からの出資金と貸付金がなくなることがイコール民営化になる。つまり政府に依存せず「お金は民間から借りなさい」「株式は民間から持ってきなさい」という体裁になるから、政府からの出資金と貸付金がなくなる。

財務省の資産を売りたくない官僚たちと同じで、民営化反対論者は財務省の飼い犬だ。ちなみに筆者は、天下りは必要ないという立場だ。

いずれにせよ、資産と負債は一緒に議論すべきで、ネット債務残高を増やさないための基準はＰＢだけではない。

日銀が持っている国債は差し引かないといけないから、ＰＢとマネタリーベースの統計、そのＧＤＰ比を問題にすべきだ。ＰＢは赤字でＧＤＰ比だとマイナス９％くらいが現状だが、一方でマネタリーベースは１００兆円くらい増やしている。ＧＤＰ比で考えるとプラス20％くらいにはなっている。ＰＢとマネタリーベースを差し引きで見ると実は黒字なのだ。だから、ただちにＰＢを黒字化する必要はない。これが「ＰＢの黒字化が必要か」という問いに対する完璧な答えだ。

財務省はこの回答をすごく嫌がるだろう。

安倍元首相は筆者の話をよく聞いてくれたから、向こう10年間は増税しないと言ってくれたが、岸田首相はその真逆の道を突き進もうとしている。増税は22年夏の参議院議員選挙前、公約を作成するときに必ず議論になる。そのとき安倍氏と岸田氏の戦いが始まるかもしれない。

増税を公約に書くかどうかがポイントで、もし書かないで選挙後に強行したら大変なことになる。さすがに増税は公約に書かないと無理筋だろう。

要するに、この議論のポイントはＰＢだけでは本当の財政はわからないということだ。シンプルだがすごく本質的な話だから、財務省は絶対に表立ってこういう議論はしない。

財政再建は経済成長で解決できる

そもそも何が起こると財政破綻するのか。

結論をいうと「ＧＤＰに対するネット債務残高の比率が上昇し続ける」と危険水準に入ってくる。だから「長期金利が急上昇して国債が暴落すると財政破綻する」という理屈は間違っているのだ。国債マーケットは変動するから、暴落しても再び値が戻ることがあるからだ。

国の借金が１２００兆円以上の巨額になっているのが財政破綻の根拠だという人もいるが、それも間違いだ。債務残高はネットでＧＤＰとセットで考えなければならない。

国の借金（債務）を返済するには、国の稼ぎ（ＧＤＰ）が必要で、稼ぎが多ければ多少借金が多くても国家運営に支障はない。返済には資産を売却するという手段もあるため、負債から資産を差し引いたネット債務残高で見る必要がある。

たとえば2009年のギリシャ財政危機では、当時のギリシャの債務残高は約43兆円、GDPは約25兆円だった。資産売却するにも限界があったから負担が重かったのだ。

GDPに対するネット債務残高の比率を見るときの注意点は、債務額の大小だけでは財政破綻するかどうかが判断できないことだ。重要なのはその割合の増減であり、変化の方向性である。

仮に増加し続けるようなら債務不履行（デフォルト）の危険性が高まり、財政破綻の可能性も高まる。

統合政府のネット債務残高では、PBとともにマネタリーベース（日銀が世の中に直接供給するお金）の増加も必要だ。PBだけ見ていると、国だけでも20年度PB対GDP比はマイナス9・3％と大きな赤字だ。それを25年度に黒字化しようとするのだから、大増税するといってるようなものだ。

ただし、本当の財政状況である統合政府のネット債務対GDP比はほぼゼロである。20年度のPB対GDP比がマイナス9・3％だとしても、マネタリーベース対GDP比はプラス19・6％だったので、合計すればプラス10・3％となる（前期債務残高対GDP比、前期マネタリーベース対ＧＤＰ比、成長率、金利も影響があるが、いまの時点では少ないので、ここでは無視する)。

つまり実質的なＰＢは、実は黒字化していることを意味する。

いずれにせよ、ネット債務残高／ＧＤＰの減少が財政再建を考える際の出発点となる。とすると、どうすればネット債務残高／ＧＤＰの比率の増加を食い止め、あるいは減少させられるのか。ＰＢの黒字化は一つの方法だが、同時に経済の成長率が金利よりも高くなければならない。といっても、成長率と金利は年によって変動するため、長期間で見るとだいたい成長率＝金利となる。

だから、財政再建にはＰＢの黒字化が重要だということになる。もし黒字化が難しいなら、年々赤字が減少すれば財政破綻の心配はなくなる。

逆にネット債務残高／ＧＤＰがどれくらいの期間、増加すれば財政破綻するのか。実は明確な答えというものはない。

ネット債務残高／ＧＤＰをコントロールするのはＰＢで、債務残高そのものをコントロールするのは財政収支であり、財政黒字を続ければ債務残高はなくなる。

といっても普通はそんなことを目標にしない。国債がなくなれば国債市場そのものが消えてしまうからだ。ここに財政収支ではなくＰＢを使う意味がある。

結局、ＰＢを黒字化するにはどうすればいいのか。

実はＰＢ対ＧＤＰ比と名目ＧＤＰ成長率の推移を見ると、１年前の名目ＧＤＰ成長率が翌年のＰＢ対ＧＤＰ比をほぼ決めていることがわかる。

簡単にいえば、経済成長さえ続けていれば、いずれ財政再建は成功するのだ。

ここまで述べてきたように、増税は財政再建に一切関与しない。たしかに増税すればＰＢは一時的に改善するかもしれないが、その一方でＧＤＰが増えなくなる可能性もある。だから増税すれば財政再建できるという財務省の言葉は真っ赤なウソだとわかる。

増税と財政再建に明確な因果関係はない。むしろ増税は経済成長を阻害し、財政再建の障害にすらなる。

消費増税は経済にマイナスを及ぼす

ノーベル賞経済学者、著名なエコノミストたちはほぼみんな消費増税に反対だ。それにもかかわらず、日本は消費増税という失策を犯し、経済的に落ち目になっている。

増税後の２０１９年10～12月期実質国内総生産（ＧＤＰ）１次速報値は、前期比１・６

消費税導入時期と実質GDPの成長率

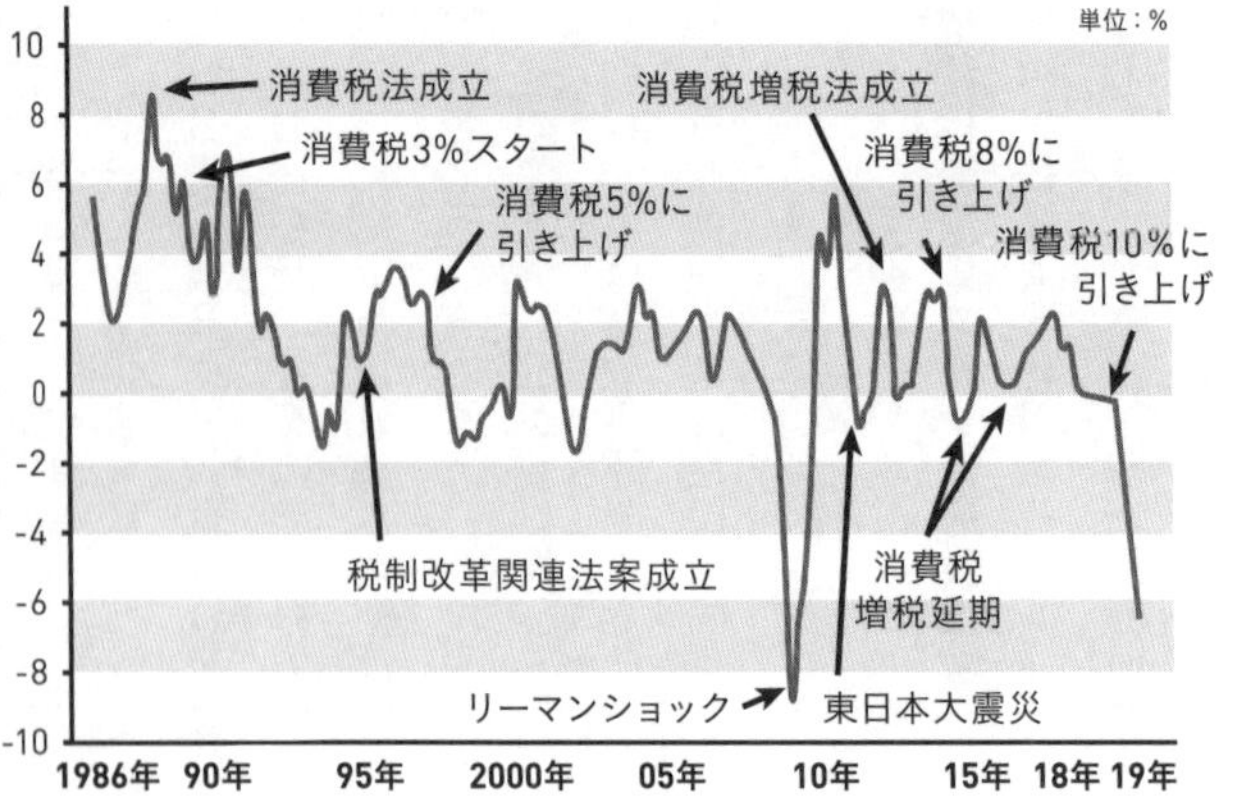

筆者が作成

%減、年率換算で6・3%減（2次で7・1減に下方修正）だった。こうした結果は何ら不思議ではない。6・3%減の内訳を見ると、公的需要1・7%増を除いて、民間消費、民間住宅、民間企業投資、輸出、輸入がいずれも減少し、民間部門は全敗というひどい状況だった。

統計数字はウソをつかない。消費増税が消費に悪影響を与えたことは疑う余地がない。

過去のデータを見ると、GDPを大きく低下させた要因は、リーマン・ショック、前回の消費増税、東日本大震災だった。リーマン・ショックと東日本大震災は外的要因であり、政府が政策などで回避するのは難しかったが、消費増税はそうではない。政治判断次第でいくらでも回避できたはずだ。財政再建が必要なほど財政状況が悪化しているという間違った認識のもとで、間違った消費増税が行われて予想通りにＧＤＰが失われた。だが、政府も日銀もかたくなに消費増税による景気悪化を認めない。

当時、西村康稔経済再生担当相も黒田東彦日銀総裁も、台風や暖冬の影響を強調していたがあきれるばかりだ。

ＧＤＰについて、もう少し触れておこう。

22年３月に発表された21年10～12月期（改定値）は年率換算で前期比４・６％増だったのに対し、２四半期ぶりのプラス成長だったが、実質季節調整済みの実額ＧＤＰはコロナ禍以前のピークが19年４～６月期の５５７・３兆円だったのに対し、21年10～12月期は５４０・２兆円とピーク時に比べ約３％少ない。

内閣府の１月の月例経済報告では、21年７～９月期のＧＤＰギャップ（総供給と総需要の差）はマイナス４・８％となっている。

10～12月期は新型コロナウイルスの感染拡大が落ち着いていたから、その前の７～９月期のＧＤＰ５３４・１兆円から１・１％伸びた。だからＧＤＰギャップはマイナス３％台半ばだろう。しかし、22年1月に多くの自治体でまん延防止等重点措置が適用されたから、現状（本稿執筆の同年3月時点）のGDPギャップの実態はマイナス5％程度ではないだろうか。

これくらいのGDPギャップならインフレ率はそこまで上昇しないし、失業率もあまり低下しない。いまの失業率は雇用調整助成金で抑えられている側面もあり、雇用情勢は景気拡大につながる賃金上昇が出てくるほど強くない。

21年12月に成立した岸田政権による補正予算は、財政支出55・7兆円で経済対策のなかで「過去最大」と喧伝された。だが、この財政支出には過去の経費の再計上も含むため、純増分ではない。その意味で財政支出としては20年の2次補正のほうが大きい。だからこの表現はミスリードだ。

これが、どの程度GDPギャップの縮小に貢献するかは未知数だ。

予算「枠」を確保したにすぎず、実際の支出につながらないとGDPの有効需要にはならない。最近では、予算はつけても未執行が多いのも気がかりだ。

GDPギャップを放置すると、半年程度で失業率が悪化する恐れもある。いま求められている政策は総需要を創出し、失業率の悪化を防ぐことだ。間違っても、PBの黒字化などではない。

岸田政権はこのままで22年夏の参議院選挙に勝てると思っているのだろうか。

国内の需要が供給を上回り、投資を誘発してさらに需要圧力を高める。そんな「高圧経済」の実現には、参院選までに少なくとも真水で40兆円程度が必要だろう。

財務省の息がかかるＩＭＦの重要なレポート

安倍政権のとき、消費増税の外堀が埋められていた。筆者は消費増税前に政府保有株の売却など先にすべきことがあると主張してきた。

ここでＩＭＦ（国際通貨基金）が２０１８年に公表した重要なレポートを紹介しよう。

ＩＭＦとは、加盟国からの出資などを財源として対外的な支払い困難（外貨不足）に陥った加盟国を一時的な外貨貸付というかたちで支援し、その国の危機克服の手助けをすることなどが主な業務だ。

実は、ＩＭＦは財務省出向職員が仕切っている側面がある。日本はアメリカに次ぐ第2位の出資国で、いうなれば大株主だ。だから日本政府の意向を無視できるはずがない。

日本は大株主としての力を背景に、ＩＭＦのナンバー2で4人いる副専務理事のポストを一つ確保している。このポストは歴代財務省財務官の天下りポストだ。

最近では、内閣官房参与の岡村健司氏が21年12月3日付で副専務理事に就いた。IMFの説明によると、「岡村氏は20~21年に国際金融に係る公務員の最高職である財務官を務めた。財務官として財務省の国際金融業務を監督し、財務大臣代理として国際通貨金融委員会（IMFC）や主要7カ国（G7）、主要20か国（G20）、東南アジア諸国連合（ASEAN）および日本、中国、韓国（ASEAN＋3）、その他の国際会合に参加し日本を代表した。10年以上にわたり、国際経済政策における日本の主要な政策当局者の一人である」という。

ほかにもIMFの理事、理事を支える理事室にも財務省からの出向者が多くいる。だからIMFのレポートは、財務省の考えの代弁としかいいようのないものもあるが、財務省の出向職員があまり手を出せないスタッフペーパーのなかにはいいものもある。

それが18年の「IMF Fiscal Monitor,October2018 Managing Public Wealth」というレポートだ。

各国の財政状況について、負債だけではなく資産にも注目して分析したもので、海外メディアの注目度も高かった。だが、日本のメディアではさっぱり取り上げられなかった。

このレポートには、各国が「統合政府ＢＳ」の考え方を導入した年代が書かれている。日本はほかの先進国とともに一番早い00年からとなっている。これはやや不正確で、日本は１９９５年からが正しいと思う。筆者の記憶では、日本政府は95年ごろにＢＳをつくり、ほかの先進国はその2年後くらいになってできあがったはずだ。

当時、日本の政府ＢＳは世界最先端だったのだが、その公表は封印された。当時の大蔵省はそれまで負債だけを都合よく利用して財政危機を訴えていたから、政府の包括的なＢＳができると説明に矛盾が生じてしまうからだろう。

２０００年代の小泉政権以降、財務省内からも政府のＢＳを公表したほうがいいという声が上がり、公表するようになった。そのあたりから各国でＢＳ作成が盛んになり、データも蓄積されてきたからＩＭＦでも各国の分析ができるようになったのだろう。

このレポートによれば、日本の中央銀行などの公的機関を含めた「公的部門」のネット資産対ＧＤＰ比はほぼゼロである。これは筆者の主張とも整合する。

だから「巨額な借金で利払いが大変になる」としても、それに見合う「巨額な資産」を保有していれば、その金利収入で借金の利払いは大変ではなくなる。これが事実なのだ。

ＩＭＦのレポートで「財政破綻するから増税が必要」というロジックが使えなくなった

ことは歴然だ。すると今度は「将来の年金など社会保障のために増税すべき」と言い方を変えた。失笑するしかない。

会計無知の審議会は財務省の「代弁」ばかり

2022年2月、財政制度等審議会分科会の会長代理である増田寛也日本郵政社長が、「今後は債務償還の議論が重要になる」という認識を示したと報じられた。新型コロナウイルス対策で国の借金が増えたことが念頭にあるとされる。

現在の建設国債、特例国債の償還は、借換債を含めて全体として60年で現金償還を終了するという「60年償還ルール」が採用されている。60年というのは、公共事業で建設した構造物の平均効用年数が60年程度ということに由来する。

国債が償還を迎えた際、償還財源に定率繰り入れなどによる現金と借換債の発行収入金を一定の基準に基づいて充てる仕組みで運用されている。

もし償還に問題が生じるとすれば、借換債が順調に消化されないときで政府の財務状況による。

財務省のいうように政府の財務状況を負債だけで見ると「悪い」となるが、これは会計に無知の人の議論だ。財務状況は資産と負債の双方を含むＢＳで見るというのが会計の常識だ。

こうした点から考えると、増田氏の認識は不可解だ。

コロナ禍に対応した巨額予算で国の借金が大幅に増えたというが、日銀を含めた統合政府のＢＳにおける資産を控除したネット債務は悪化していない。

財政審委員は、学識経験のある者のうちから財務大臣が任命することになっているが、むしろ典型的な財務省の代弁者が多い。

財務省が会計無知なのは以前から変わらないが、学識経験者まで同じだとすると恥ずかしい。政府の審議会の底の浅さが露呈しているともいえる。もしエセ専門家ばかりの審議会だとしたら、存在意義を問われる。

政府基金が抱える問題の本質とは

国から交付された補助金などを原資として、独立行政法人や公益法人、地方公共団体などが特定の用途に充てるため、ほかの財産と区分して保有する金銭がある。それが「基金」だ。

21年12月、政府が基金事業の透明性を高めるため、効果の検証を22年度から始めると報じられた。四半期ごとに支出や残高などを公表し、成果が少なければ予算の削減も検討するという。

ここでいう基金事業とは、岸田政権が注力する科学技術振興、経済安全保障、重要インフラ整備などが念頭にある。

基金には大きく4種類がある。基金を事業の財源に充てることで基金が費消される「取り崩し型」、貸付など基金を繰り返して使用する「回転型」、債務保証など基金を保有することで基金事業を実施する「保有型」、基金を費消せずその運用益を基金事業の財源に充てる「運用型」だ。

基金を使う財政支出は明治初期からあり、問題を内包しつつ現在まで基金方式は多用されている。

最近でいえば、1980年代のバブル期、2008年のリーマン・ショック直後、11年の東日本大震災直後に多く使われ、経済対策の側面がある。

基金をめぐる問題は、複数年度にわたり執行される経費が「補正予算で計上すべき緊要性」に当たるのかどうかという点だ。同時に複数年度の予算執行ができるようになるため、単年度主義の原則を定める憲法との関係が指摘されることもある。

そのため、岸田政権は「財政の単年度主義の弊害是正」を打ち出した。

一般的に、補正予算で新規基金への創設・繰り入れ予算がつけられ、当初予算で既存基金への積み増し予算が行われる。裏を返せば、当初予算では財政健全化へのＰＢ目標があって新規予算が認められにくい一方、補正予算ではその縛りが緩いからだろう。

そのため経済危機などを奇貨として、補正予算での新規基金創設が使われているとみられる。

13年度から基金シートが作成されており、以前より透明性が上がっている。基金への予算支出をわかりやすくするためのこうした試みは、どんどん進めるべきだ。

ただ、財政状況をどのように理解するかという、より本質的な問題がある。

政府はＢＳの一部であるグロス債務のみで財政危機を煽り、グロス債務をコントロールするためにＰＢだけに着目するよう誘導している。しかし、統合政府のネット債務ではＰＢだけでなくマネタリーベースの増加も重要だ。

ＰＢだけによる財政健全化方針ありきで当初予算が抑制される限り、基金問題はまともに解決できないだろう。

高齢化で上昇する「国民負担率」の解決方法

財務省が公表した「国民負担率」は、2021年度で48・0%と過去最大になった。

国民負担率というのは、租税の対国民所得比である「租税負担率」と社会保障費の対国民所得比である「社会保障負担率」を合算したものだ。

これが大きくなると、国民生活にどんな影響があるのか。財務省の資料には、財政赤字を加えた「潜在的国民負担率」や国民負担率の国際比較が掲載されている。それらを基に考えてみよう。

社会保障費は租税と同じく国民に負担義務がある。だから租税とあわせて国民負担とするのはいい。社会保障の運営方法としては、保険方式で費用は社会保険料となっている国が多いが、税方式で費用は税を充てるという国も一部にある。

そのため、国際比較をするには租税と社会保障費を合算しないと見誤る。

また潜在的国民負担率には、国民負担率に財政赤字対国民所得比を加えている。実はこれがおかしい。

財政赤字は、中央銀行を含まない狭義の政府の借金増に対応する概念だ。真の政府の財政状況は統合政府BSからしか見えてこない。

日本の国民負担率の推移

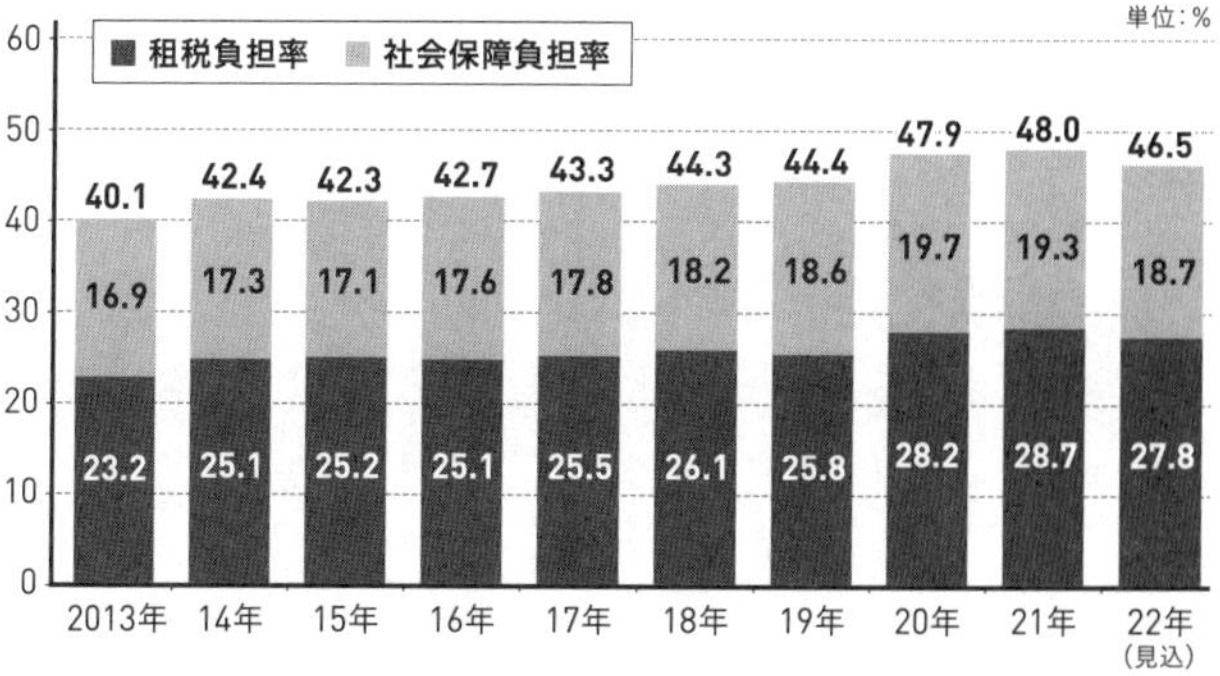

財務省「国民負担率（対国民所得比）の推移」より

潜在的国民負担率の国際比較（2019年）

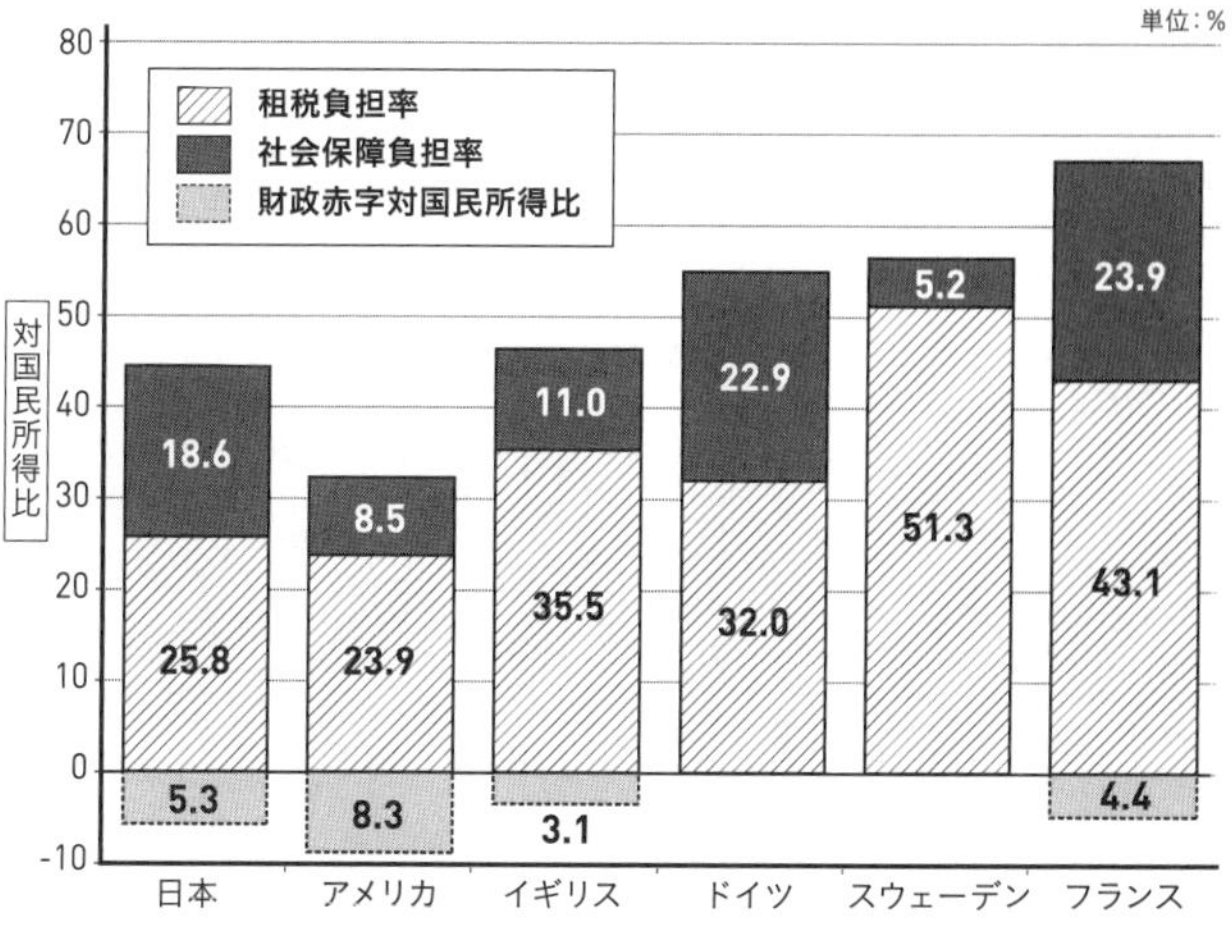

財務省「国民負担率の国際比較」より

高齢化の推移と将来推計

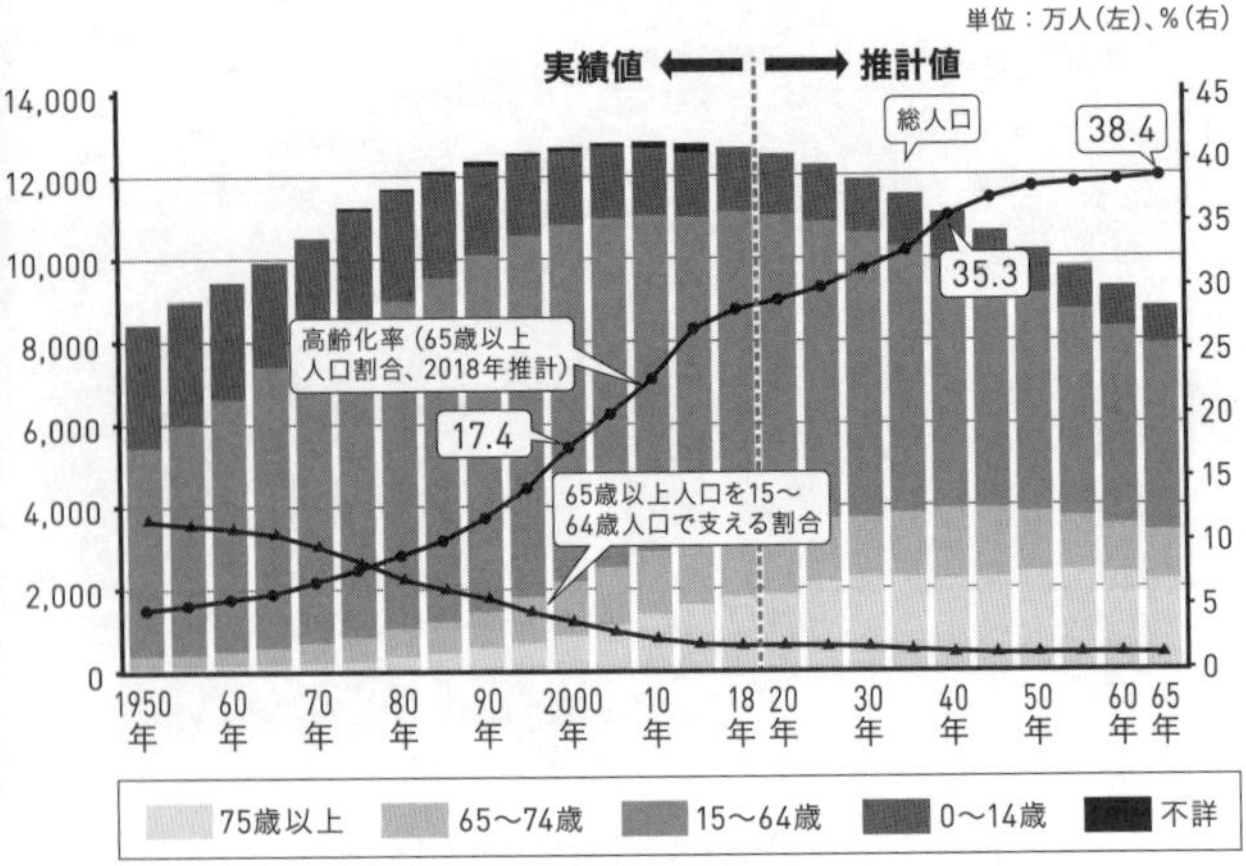

厚生労働省「高齢社会白書2019年版」より

その意味で財政赤字だけでは不十分で、中央銀行の資産増加を表すマネタリーベース増の数値も加える必要がある。

財務省はそれすら考慮せず国民負担を過大に見せている。国民に正確な財務情報を流さなければいけないのに、潜在的国民負担率などと変な操作をしている。

国民負担率の推移を見ると、ＯＥＣＤ諸国の平均値もここ30年で緩やかに上昇している。

30年前、日本は平均の2ポイント程度下だったが、最近は2ポイント程度上を推移している。Ｇ７では国民負担の高いほうからフランス、イタリア、ドイツ、カナダ、イギリス、日本、アメリカという順番にほとんど変化がない。世界で日本は中程度の負担だといえる。

国民負担率は国民の選択の問題だ。高い福祉を望めば高負担になり、低い福祉なら低負担となる。だから高齢化が進めば形式的には国民負担が増すだろう。

高齢者に対するサービスを維持しようとすればそれは仕方がない。

そこで高齢化とともに技術向上を図り、経済成長が必要となる。

実は高齢化の動きはかなり予測できる。厚生労働省の『高齢社会白書』によれば、２０６５年には38％程度で頭打ちになることがわかっている。

これまでの社会保障改革により、各種制度は高齢化にもかなり耐えられる。

社会保障負担率をなるべく上げずに高齢化を支える社会保障を維持するには、社会保険料の徴収を効率的にできるかどうかがポイントだ。

そのためには、租税と社会保険料を一体徴収する歳入庁の設置がいちばんいい。

財務省は租税と社会保険料を合わせた国民負担を強調するくせ、租税と社会保険料を一体徴収する歳入庁を推進しない理由がよくわからない。

世界（208カ国）の人口増減率と1人当たりGDP成長率（2000〜2017年）

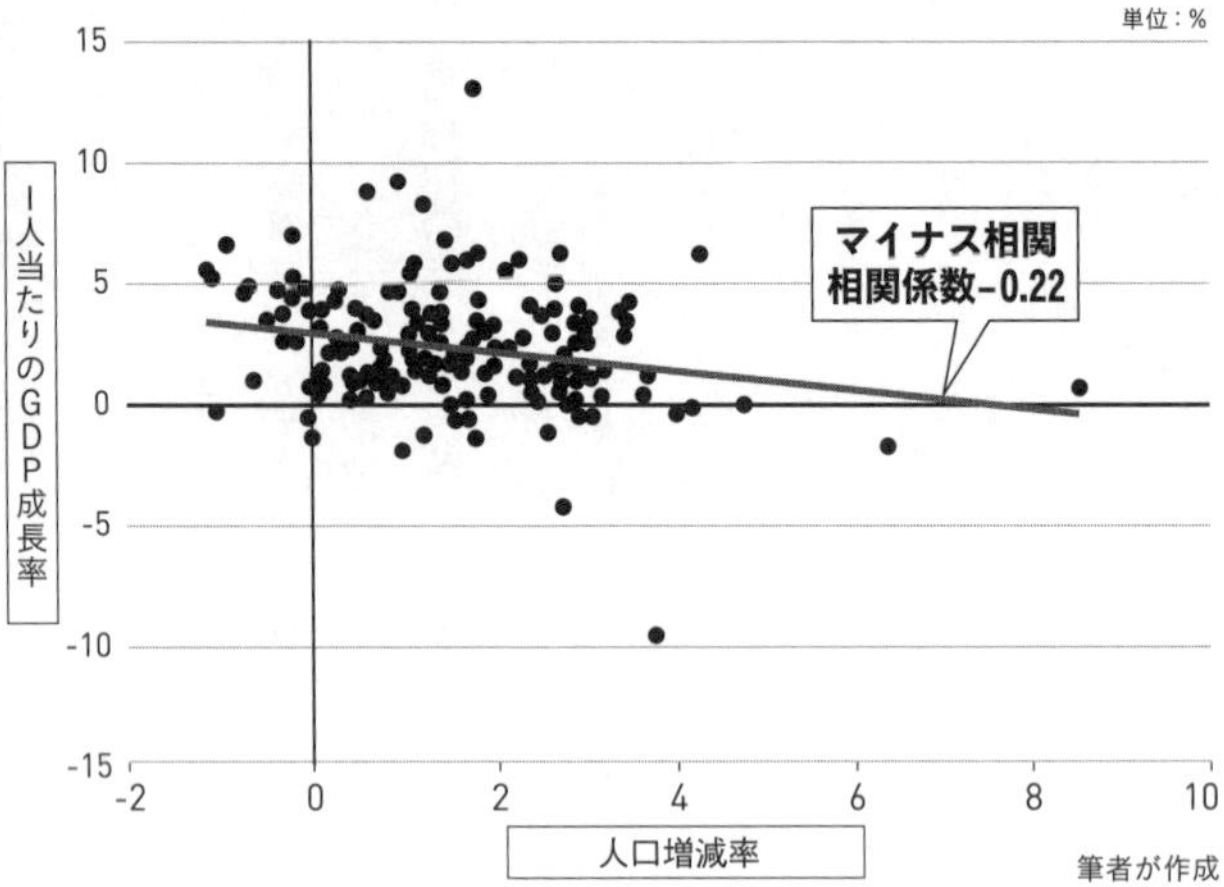

筆者が作成

年金破綻の可能性が極めて低い理由

21年11月に総務省が発表した20年国勢調査（確定値）によると、外国人を含む日本の総人口は同年10月1日時点で約1億2614万6000人だった。日本人が15年比1・4％減の約1億2339万8900人となる一方、外国人は同43・6％増の約274万7100人で過去最多だった。

前回の15年調査から総人口は約94万9000人減少し、生産年齢人口（15〜64歳）は3％減の約7508万7800人、65歳以上人口は7％増の約3602万6600人と少子高齢化傾向が続いている。

こうした状況が外国人労働者の拡大方針にもつながっているのだろう。

先進国の人口増減率と１人当たりGDP成長率

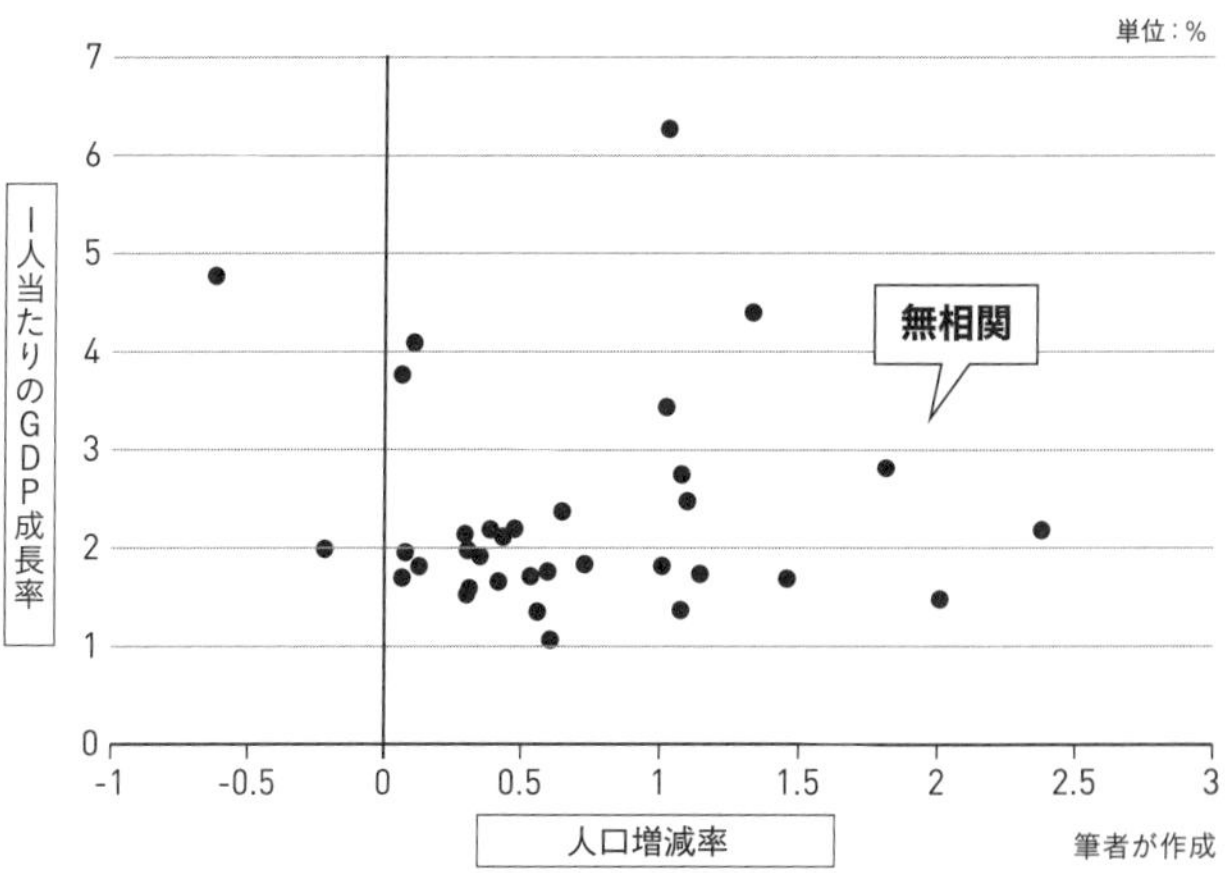

一方で、労働人口が減るから経済が悪化し、社会保障制度が破綻するといったネガティブな未来予測もまかり通っているが、果たして本当だろうか。

実は、これまでの人類の歴史を振り返ると、人口減少より人口増加のほうが悪影響を及ぼしていた。マルサスの人口論が有名で、１９７２年のローマクラブの「成長の限界」のベースにもなった。

最近の経済成長理論でも、人口増加は一人当たりの資本を減少させるから貧困の原因とされている。だが、人口減少には資本増強などの対応策がある。

世界２０８国・地域の00～17年の平均人口増加率を横軸、一人当たりの平均実質国内総生産（ＧＤＰ）成長率を縦軸とすると、右下がりのグラフになる。

要するに、人口増加率が高いほど貧しくなる傾向があるというわけだ。

先進国では人口増加は一人当たり実質ＧＤＰ成長率と無相関になるが、いずれにせよ「人口増加で経済がよくなる」というデータはあまりない。

もちろん、ＧＤＰは人口に一人当たりＧＤＰ（給与に相当）を乗じたものだから、一人当たりＧＤＰは変化しないとはいえ、人口が減ればＧＤＰ自体は減る。だが、当面は最大０・７％程度で、これは技術の進歩などで対処できる範囲だ。

人口減少は大きな問題ではない。マクロ経済への影響は大したことがないし、人口減少を正しく予測できていれば、たとえば年金制度など予測可能な問題なら事前に対処できるからだ。そのため年金破綻論はかなり怪しい。

仮に人口減少に問題があるなら、社会の治安を脅かす恐れがある外国人労働者の受け入れよりも、機械化や人工知能（ＡＩ）の活用で一人当たりの資本増加策を優先すべきである。

第5章　Zを解体する方法

財務官僚とはどんな人種なのか

財務官僚は日々、どんな意識で仕事をしているのだろうか。

これは財務官僚に限らないが、官僚の行動原理は「省益第一主義」だ。いかに多くの予算を確保し、OBを含めた自分たちの利益を確保できるかということが、官僚の究極的な行動原理と言っても差し支えない。

財務官僚なら、そこに「財政至上主義」という原則が加わる。あるいは「財政再建至上主義」と言い換えてもいいかもしれない。これは、できるだけ歳出を減らして歳入を増やすのに固執することを指す。

財政至上主義を実現するため、財務官僚が取りうる最も有力な方法が消費増税だ。

筆者は何も財政再建をないがしろにしているわけではない。

ただし財務官僚と根本的に考え方が違うのは、財政を再建したいなら、借金を減らすのではなく経済を成長させればいいという点だ。

消費増税だけでは経済はむしろ悪化することが明白だ。経済状況を見ずに実行する消費増税は愚の骨頂だ。

財務省も消費増税をすれば経済が悪化することくらいは承知している。だが、それでも増税で歳入を増やすのが財政再建につながると信じている。

この財務官僚の不合理な思考の背景には、自分たちは「国士」であるという勘違いがある。国士とは身をなげうって国家を支える憂国の士のことだが、悪者になってもいいからあえて国民に不人気な増税という選択肢を選んでいると思い込み、自己を正当化している。

矢野康治財務次官が「決定権のない公務員は、何をすべきかといえば、公平無私に客観的に事実関係を政治家に説明し、判断を仰ぎ、適正に執行すること。しかし、これはあくまで基本であって、単に事実関係を説明するだけでなく、知識と経験に基づき国家国民のため、社会正義のためにどうすべきか、政治家が最善の判断を下せるよう、自らの意見を述べてサポートしなければなりません」とか、「私は、国家公務員は『心あるモノいう犬』であらねばと思っています」などと『文藝春秋』で述べているのも、国士気取りに聞こえる。

筆者が大蔵省（財務省）にいたころから省内はそんな雰囲気だったし、いまもそれは変わっていないようだ。

ベールに包まれた財務省の内部構造

財務省の内部はどうなっているのか。

内閣府、総務省、法務省、外務省、財務省、文部科学省、厚生労働省、農林水産省、経済産業省、国土交通省、環境省、防衛省、デジタル庁、復興庁という1府11省2庁からなる霞が関の省庁のなかでも、予算編成権と徴税権を掌握する財務省は最も強大な裁量権を持っている。省庁のなかの省庁、最強官庁といわれる所以だが、一般的に実態はあまり知られていない。

財務省の本省には主計局、主税局、理財局、国際局、関税局と大臣官房が存在する。

【主計局】

国の予算編成や決算の各省への割り振り、会計に関する制度の企画、立案を担う。財務省の権力の源泉である予算編成権を担う中枢であり、トップが主計局長だ。

その下に主計局次長が3人いて、それぞれが担当する予算の決定権を持っている。さらにその下に、各主計官、総務課、司計課、法規課、給与共済課、調査課、主計監査官があり、3人の次長が分担して監督している。

主計局には、課長のほかに課長級ポストの主計官が全部で11人いて、それぞれが担当する省庁がある。主計官だけはポストの呼び方が異なり、課長は主計官、課長補佐は主査と呼ばれる。主計局こそが財務省の中枢だというプライドが透けて見える。

省内でも主計局の権限はとりわけ大きい。予算編成を担当しており、他省庁や政治家に対して圧倒的な影響力がある。矢野財務次官も主計局長経験者だ。

国の予算は国会で審議されて議決される。この予算案を作成しているのが主計局だ。まず各省庁から概算要求を受けたあとで、予算を査定し、割り振りして国家予算を編成する。これが財務省の原案となり国会審議にかけられる。

省庁や政治家が政策を立案、実行するには必ず予算を伴う。新しい政策を考えて概算要求しても、財務省が査定して予算化が認められなければ実行に移せない。

裏を返せば、概算要求を出す省庁は、あの手この手で財務省にお願いする立場というわけだ。だから両者の間にはおのずと力関係が発生してしまう。

各省庁の査定をするのは課長級職の主計官だが、その主計官に働きかける省庁側の官僚はポストが一つ上の局次長、もしくは二つ上の局長だ。要は格下の官僚に頭を下げないといけないわけで、財務省と他省庁の力関係が如実に表れている。

他の省庁では、財務省との予算折衝がうまくいったら職場での評価がかなり上がるといわれている。

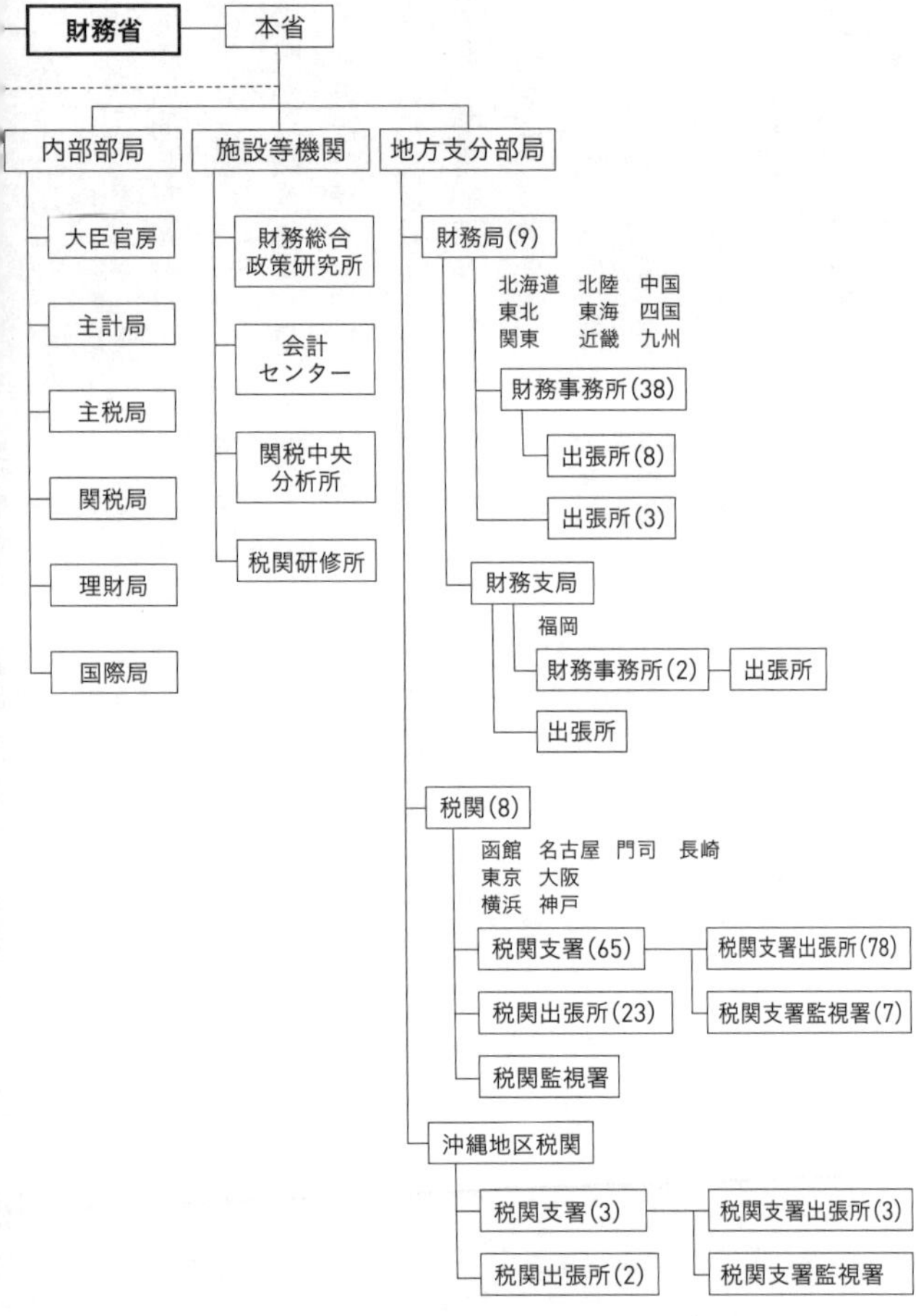

財務省「財務省の機構（令和3年7月）」より

財務省全体の機構図

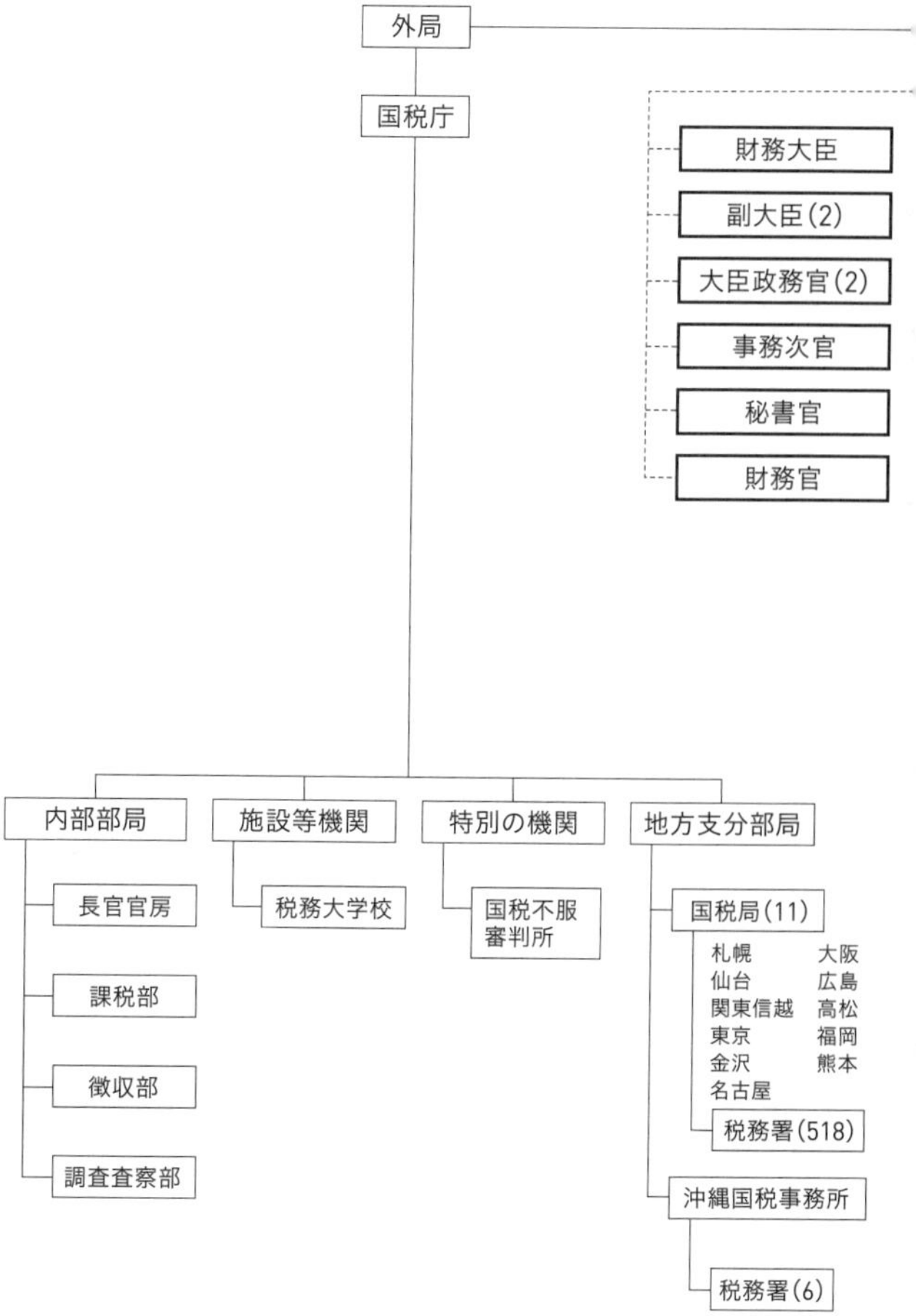
外局
国税庁
財務大臣
副大臣(2)
大臣政務官(2)
事務次官
秘書官
財務官
内部部局
長官官房
課税部
徴収部
調査査察部
施設等機関
税務大学校
特別の機関
国税不服審判所
地方支分部局
国税局(11)
札幌
仙台
関東信越
東京
金沢
名古屋
大阪
広島
高松
福岡
熊本
税務署(518)
沖縄国税事務所
税務署(6)

主計局主査→主計官→主計局次長→主計局長というラインは財務省のわかりやすい出世コースだ。予算編成こそが財務省の根幹という強い自負が垣間見える。

世界的に見ても、財務の力が強いのは日本だけではない。法律上、財務関係省庁が他省庁よりも一つ格上という国もある。

アメリカの財務省は例外的に予算編成権を持っておらず、歳入や通貨の管理についての裁量権しかない。予算は政権内の行政管理予算局になる。ただ、最終的には議会に予算編成権があり、行政府には法案提出権がない。議会が歳入・歳出に関する予算関連法案を独自に作成して審議する。だから、行政管理予算局には日本の財務省のような大きな権限はない。

ちなみに、大統領が税制改革や雇用計画などを反映した「予算教書」というものを議会に提出するが、これは大統領の提案にとどまり拘束性はない。

【主税局】

税制の企画、立案、税収の見積もりなどを担当する。税制第一課、税制第二課、税制第三課、総務課、調査課、参事官で構成されている。

所得税や相続税を含む直接税（税金を納める人が自分名義で収める税）を担当するのは税制第一課だ。消費税やたばこ税、酒税などの間接税（税金を負担する人と収める人が異なる税）の担当は税制第二課、企業が対象の法人税は税制第三課が担当する。

総務課は、主税局の総合的な調整、租税、印紙収入の見積もり、地方税などに関する業務、広報活動などを担う。政府税制調査会の事務局もここに置かれている。

調査課は税制を調査、研究する部署で、税制が国家に与える影響、経済環境の変化に税制がどう対応すべきかを検討している。

主税局の特徴はその専門性だ。

キャリアなら財務省内の他局に異動したり他省庁へ出向したりするが、ノンキャリアなら主税局に配置されるとずっといて、税制の専門家になる人も少なくない。税に関する専門知識では、むしろノンキャリアのほうが詳しいこともある。

在職中に身につけた専門知識を生かし、退官後は税理士などに転身して自分で道を切り拓くケースも多く、他の局に比べて天下りは少ない。

主計局に予算編成権があるように、主税局には徴税権がある。

財務省が政治家などに対して強い立場でいられるのも、この徴税権があるからだ。実際に税金を徴収するのは国税庁の下部組織である国税局と税務署になる。

国税庁は財務省の外局（特殊な事務、独立性の強い事務を行うための組織）だが、事実上は下部組織の扱いで主税局の配下にある。国税庁長官には主税局のキャリアが就くこともある。

主税局は全国の国税局と税務署を掌握している。税務署は個人、法人の所得に関する膨大なデータを持っているため、ある意味では強大な監視権力といえる。

政治家は国税庁に資金のやりとりを把握されていることを知っているため、その上部組織といえる主税局には頭が上がらない。政治家は財務省のなかでもとくに主税局を恐れているといっても過言ではない。

【理財局】

安倍首相時代に、森友学園問題でひときわ注目された。

理財というのは古い言葉で経済の類語であり、財産を有利に運用するという意味がある。

理財局は、さまざまな国有財産を管理して有効活用するのが主な仕事だ。

国有財産は「行政財産」と「普通財産」の二つに分類される。

行政財産は文字通り、行政に使うため売却できない国有財産を指す。国会議事堂、裁判所、防衛施設、皇居などがある。普通財産は行政財産以外の全てで、独立行政法人などへの出資が大半を占めており、庁舎などの跡地、物納された土地、政府保有株式なども含まれる。庁舎の跡地が民間企業に売却され、マンションが建ったりしている。

理財局には、財務省の局のなかで最も多い九つの課がある。

そのうち国庫課は、国が保有する現金や有価証券を管理する。

国債企画課、国債業務課は国債の発行を中心とした国の資金調達を担当し、国債を管理する。

財政投融資総括課は財政投融資を所管する。

国有財産企画課、国有財産調整課、国有財産業務課、管理課は国有財産の有効活用の促進、未利用国有地や政府保有株式の売却、公務員宿舎の管理などを担う。

総務課は局全体のとりまとめをしている。

財政投融資総括課が所管する財政投融資とは、国の資金を使う投資や融資のことだ。第二の予算とも呼ばれる。

第一の予算である一般会計予算が税収や国債で資金調達をし、歳出された予算を使い切るのに対し、財政融資は貸し出しが基本だから返済が前提になる。財政投資なら返済はなく事業で得られる収益の還元が期待される。

財政投融資の原資は、かつては郵便貯金、厚生年金、国民年金などの預託金だったが、2001年の財政投融資改革で国が発行する財政投融資債で調達するようになった。この改革には筆者も参画した。資金調達を郵貯などから投融資債に転換した流れで郵政民営化、政策金融改革につながった。

融資先、投資先となる財投機関は、日本政策金融公庫、独立行政法人国際協力機構、日本私立学校振興・共済事業団などがある。ほとんどが独立行政法人、特殊法人で天下りの温床といっても過言ではない。これらの改革は道半ばだ。

【国際局】

予算や税務などのイメージが強い財務省だが、国際局は省内の外交部隊でグローバルな役割を果たしている国際派の部門だ。

国際経済の調査、分析や国際機関との連携や交渉、途上国支援の企画など業務は幅広い。為替政策も担い、時には為替相場への市場介入も行う。

局内には総務課、調査課、国際機構課、地域協力課、為替市場課、開発政策課、開発機関課がある。為替介入は為替市場課が担当し、課長が指揮をとる。

財務省にはトップの事務次官のほかに財務官というポストがある。国際局長は財務官にはなれるが事務次官にはなれない。

事務次官が主計局、主税局、理財局などを所管するのに対し、財務官は国際局と関税局の一部を所管するだけだから、財務官は事務次官と比べるとどうしても格下のイメージがつきまとう。

Ｇ７をはじめとする経済関連の国際会合には、財務大臣に財務官と国際局の次長クラスが随伴する。外交での経済交渉では外務省より国際局の権限が大きいといえる。

世界銀行やＯＥＣＤ、ＩＭＦなどの国際機関への出向も多い。第４章で触れた、岡村健司ＩＭＦ副専務理事などがそうだ。財務官や国際局長経験者のなかには、退官後にそうした国際機関に入るケースもある。

【関税局】

関税制度、国際協定に関する企画立案、税関業務についての指導監督などを担う。六つの課から構成されている。

総務課は関税と輸出入に関する政策を遂行するための事務、局全体のとりまとめを行う。

管理課は税関に勤める職員の人事や研修、訓練、税関事務の運営などを手がける。

関税課は関税に関する制度の調査、企画立案が主な仕事で、外国との多国間協定や二国間協定に関する業務も含まれる。ほかに貿易統計の作成や公表なども担う。

監視課は輸出入を行う貨物や船舶、航空機などを監視し、違法行為を取り締まる。関税の放棄に関わる事務作業も行い、麻薬、拳銃、偽ブランド品、ワシントン条約で規制された保護動物の国内持ち込み阻止なども行う。

調査課は輸入貨物の価格、運賃、保険料の調査、輸入貨物の調査、検査に関する事務、外国の税関当局との情報交換や調整をしている。

業務課は関税、とん税（外国貿易船の開港への入港に対して課される税）、特別とん税等の賦課徴収、関税率表の品目分類に関する事務、課税価格の算定に関する事務などを行う。


【大臣官房】

大臣官房は財務省固有の部署ではなく、内閣府、各省に必ず置かれる。局という名称こそつかないが内部部局の一つだ。

部局の局長にあたる大臣官房のトップは官房長と呼ばれ、大臣や次官を補佐する重要な役割がある。大臣官房は部局間や省内のとりまとめを担当するから、ほかの部局より格上に見られる。

各府省庁の大臣官房にも人事（秘書）課、会計（予算）課、文書課の三つがある。キャリアの人事、省庁全体の予算管理、法令審査などを行う。官房三課といわれ、実質的に省内をコントロールしている。

大臣官房のうち、財務省が他府省庁と異なるのは会計課の役割だ。財務省の会計課には予算折衝の業務がないだけ、課の役割が他府省庁ほど大きくないという特徴がある。

大臣官房の秘書課長、文書課長は事務次官コースにあるポストで、そこから官房長を経て主計局長になるのが事務次官へのルートの一つになっている。


【財務局】

財務省の業務のうち、地方に関わる事務を担当する。

地方支分部局という財務省の出先機関があり、北海道財務局、東北財務局、関東財務局、北陸財務局、東海財務局、近畿財務局、中国財務局、四国財務局、九州財務局の9カ所が全国に設置されている。それぞれの財務局の下に財務事務所、出張所が置かれる。

重要な仕事は予算および融資に関する業務で、管轄する地域での予算の振り分けや地方公共団体への貸し付けなどがある。

財務局は本省とは別に、国家公務員採用試験のうち総合職試験の合格者を独自に採用している。ただ、財務局トップの財務局長には本省採用のキャリアが就いており、生え抜きは財務局長になれない。

財務局の最終ポストは、地方支分部局なら中小の国税局長、財務局長、税関長で、本省なら課長補佐までが通常である。課長になるのはごく少数だ。

ここまで財務省内の組織構造について見てきた。

財務省には予算編成権、徴税権という二つの権力の源泉があるが、実はもう一つある。それが人事権だ。

国家公務員の人事を管理する課はいくつかある。給与に関するものの取りまとめを行う財務省主計局給与共済課、各省庁の人事を管理する人事院給与局給与第二課、国家公務員の数を統括する総務省行政管理局などがそれだ。

この三つは別組織だが、実は財務省から出向した財務官僚が課長ポストを独占している。総務省行政管理局管理官は、全省庁のその年の公務員数の増員や減員の査定を行う。霞が関官僚の定員を調整する権限を握っているのだ。天下りの温床である独立行政法人や特殊法人のポストを差配することもできる。

財務省は事務次官コースにいる優秀な財務官僚を、課長ポストである管理官として送り込んでいる。予算編成権に加えて人事権まで握られていては、他省庁は財務省にかなわない。

財務省は他省にない独自の官邸ネットワークも有している。

首相、官房長官、官房副長官（政務）の全てに秘書官を出しており、官邸内情報の収集速度と豊富さでは他の追随を許さない。首相や官房長官さえも財務省の情報に依存せざるをえない。

一方で、財務省の情報の優位性は、時に財務官僚の慢心を生み出し、政治家や大臣軽視につながることもある。政治家に聞いてみても、財務官僚は並みの政治家よりも政治的で、財務省情報に政治家が踊らされることもよくある。

官邸ネットワークを具体的に見てみよう。

内閣官房付となる内閣総理大臣秘書官は、秘書官として首相の手足となって動く。首相に付き添い、機密に関する事務の取り扱い、政府各部局や与党との調整を担う。岸田内閣では、政務秘書官2人、事務秘書官6人（財務省〔2人〕、外務省、経産省、防衛省、警察庁から派遣）の合計8人がいる。

事務秘書官の筆頭秘書官は、財務省から出向する財務官僚の指定席だ。秘書官としての仕事以外にアドバイザー的な役割があり、政策に大きな影響力を及ぼしている。

仮に首相が財務省の省益に反するような施策を掲げようものなら、ただちに本省に報告がいき、何とか阻止しようといろいろ画策してくる。

官邸には、官房長官秘書官も財務省から出向している。

こうして財務省は官邸の中枢に食い込み、官邸内の情報をしっかりキャッチしているのだ。

内閣官房に置かれる官房副長官補も財務省の指定席の一つで、官房長官から伝えられる官邸の指示を受けて、政策の骨組みをまとめる重要なポストだ。

定数は3人で、財務省出身者が就く内政担当、外務省出身者が就く外政担当、警察庁ないし防衛省出身者が就く事態対処・危機管理担当がある。

なかでも内政担当の影響力が大きく、時には政策の司令塔的な存在として振る舞うことさえある。

「歳入庁」設立で組織解体が必要な理由

矢野氏をはじめ、財務省内には自分たちにとって、都合の悪い事実を隠す官僚が目につく。

森友学園問題をめぐる文書改ざんでは、財務省の佐川宣寿理財局長（当時）の答弁から、財務官僚の傲慢さが垣間見えた。

ほかにも福田淳一元財務次官のセクハラ発言など、財務省のある種のおごりが見える。

消費増税しないと財政再建できず、それによって国債が暴落するなどという暴論もある。10％への消費増税を一度スキップした際に主流となった論だが、この発信元は財務省だ。この論は大ウソなのだが、こうした例は枚挙にいとまがない。

真の財政健全化のためには、財務省という組織を解体するくらいの荒業が必要だ。財務省の解体とは、すなわち、新たに税金や年金など社会保険料の徴収を一括して行う「歳入庁」の新設にほかならない。国税庁と日本年金機構の徴収部門を統合した組織が必要なのだ。

これまで、歳入庁はマスコミや政治家にとってタブーだった。筆者も含めてごくわずかしか声を上げていなかった。それはなぜか。

圧倒的な調査能力を持つ国税庁は一大権力機構で、政治家も国税庁に資金のやりとりを全て把握されていることを知っている。だから、その上部組織である財務省にはどうしても頭が上がらないのだ。

そんな財務省が、権力の源泉である国税庁を手放したくないのは当然だ。ポストを確保する意味でも死守すべきところなのだ。

国税庁長官は財務次官に次ぐポストで、事務次官になれなかった人が最後に就く。さらに東京国税局長、名古屋国税局長、大阪国税局長など主要国税局の局長も、財務キャリア官僚のポストと化している。

実は、野党が政権をとった2009年の衆議院議員選挙では、当時の民主党が歳入庁の導入をマニフェストに盛り込んだ。

しかし、実現することはなかった。おそらく財務省の激しい抵抗に遭ったのだろう。

こうした経緯から、現在の野党議員の多くにとって、歳入庁構想がタブーになっていることは否めない。マスコミも本腰を入れて議論をしない。テレビ局や新聞社は国税庁の調査能力を恐れるからだ。下手に財務省の反感を買い、万が一にも自分たちの財布に手を突っこまれたらたまったものではないということだろう。

予算案の作成などを担う財務省が企画部門なら、徴税する国税庁は執行部門といえる。世界を見渡しても、日本の財務省のように企画部門と執行部門が一体のケースはきわめて珍しい。言い換えれば非常識なのだ。

予算案の作成には、政治家を含めてさまざまな勢力との折衝や調整が必要だ。良くも悪くも政治色が出る。その一方で、徴税は専門知識に基づいた公平公正な執行が求められる。だから執行部門はできるだけ政治と切り離しておいたほうがいい。

それなのに、いまは財務省の傘下に国税庁がある。

官僚の採用プロセスは別になっている。財務省は財務省、国税庁は国税庁で採用している。だが、国税庁長官は財務官僚が務めるのが慣例で、国税庁のプロパー職員は理不尽な思いをしている。

国税庁は自前の採用システムがあり、財務官僚と同じ国家公務員試験を受かった「キャリア」がおり、「庁キャリ」とも言われている。「庁キャリ」の最高ポストは国税庁の部長止まりであり、国税庁は完全に財務省の植民地になっている。

企画部門と執行部門をきっちり分離すれば、組織面でも業務面でも、よりシンプルかつ効率的になる。歳入庁設立は決して難しくない。世界では至って常識的な制度だからだ。

歳入庁が税金とともに社会保険料を徴収するのはメリットしかない。年金保険料の徴収漏れを回避しやすくなり、公平性も担保される。

現在の日本には、世界では常識の税や社会保険料の徴収インフラがない。そのため、社会保険料の徴収漏れが予想されており、不公平感を生んでいる。

税金と年金保険料は法律上の性格が同じで、この二つの徴収は一つの機関で行うことができる。歳入庁を設立すれば、年金保険料の徴収に必要な人件費を大幅に減らせる。日本年金機構の徴収業務の人件費をまるごと節約できる可能性が高い。

国民年金に加入すべき個人事業主は、税務署が税務調査に入るときに社会保険料も一緒に調査すれば、その個人事業主が年金保険料をきちんと払っているかもチェックできる。だから年金保険料の徴収漏れを減らすこともできる。

税務署は企業の法人所得を調査するとき、法人税とともに源泉徴収税も調べる。社員などから源泉徴収した所得税を、その企業がきちんと税務署に納付しているかどうかをチェックする。

源泉徴収税と社会保険料は、社員の給料から一緒に源泉徴収するため、帳簿を見れば両方書いてある。社員の給料から天引きした年金保険料が日本年金機構に納められているかも、帳簿で同時にわかる。

現在、国税庁が把握している法人数と日本年金機構が把握している法人数が異なるから、それだけ年金保険料の徴収漏れが発生していると推測できる。これも歳入庁ではかなり減らせるだろう。

徴収漏れ分を社会保障費に充てれば、消費増税分を社会保障費に回す必要もなくなる。そもそも一般財源である消費税を社会保障目的税にしている先進国は、日本以外にはない。

歳入庁設立で税と社会保険料の徴収を一元化できれば、徴税に基礎年金番号を使用できる。マイナンバー制度もリンクするはずで、23年10月に導入予定の消費税インボイスを活用すれば、さらに税の徴収漏れを防ぐことができる。

インボイスとは、取引した商品ごとに消費税の税率や税額を記した租税票のことだ。事業者間で商品を売買した際に売り手が発行するのが通例で、買い手は租税票を保管しておき、売り手側は控えを取っておく。

多くの先進国では売り手と買い手双方の事業者が、これを使って国に納める消費税額を計算するため、脱税が起きにくいというわけだ。

こうした制度を歳入庁を設立してフルに活用すれば、10兆円程度の増収になる可能性もある。

だが、歳入庁を設立すると、財務省にとっては植民地の国税庁を手放すことになるから都合が悪いようだ。

12年に消費税増税法が成立したとき、民主党内で歳入庁設立の動きがあったものの財務省に潰された。そのときの手口は、消費税には低所得者ほど税負担が大きくなる逆進性があるから、低所得層に税を還付する給付制度で補うのではなく、個別物品の軽減税率で穴埋めするというものだった。

軽減税率は租税特別措置で、どの物品に適用するかは官僚の裁量が多分に入るから官僚利権の確保にはもってこいだ。

しかも、消費増税を応援してきた日本新聞協会への手土産にもなる。軽減税率は歳入庁潰し、官僚利権の確保、新聞社への手土産という一石三鳥だったというわけだ。

官僚の不正な再就職を見抜くために

昔、インターネットに「髙橋洋一は天下りしているのに天下りを批判するのはおかしい」という書き込みがあったが、噴飯ものだ。

官僚が退職後に独力または役所以外の助力を借りて求職活動し、再就職するのは正当な手法だ。その半面、退職前に自分の権限を利用したり、役所のあっせんで再就職するのは不当な方法であり、それこそが天下りだ。

天下りは、退職者をその組織に受け入れてもらう代わりに、受け入れ側に補助金を支出したり、監督上の便宜を図ったりすることがあるから、国家公務員法で規制されている。

筆者はむしろ、こうした再就職規制を企画した側の当人だ。だから役所からの風当たりはとても厳しかった。嫌われていたが、それでも役所は筆者が退職する際に再就職先をいくつかあっせんしようとした。

役所としては慣例通り人事の一環として対応したのだろうが、これを受けてしまうと筆者も同じ穴のムジナで一生口封じされてしまう。だから断った。

そのためかはわからないが、のちに筆者は役所からさまざまな嫌がらせを受けることになる。

再就職規制のポイントは、退職前に自分の利害関係先への求職活動と、現役職員によるほかの職員に対する再就職あっせんの二つを禁止することだ。

筆者の再就職は、公開情報に基づく大学の公募に応じたものだし、利害関係先でも何でもなかったから決して天下りではない。それ以前に役所のあっせんを蹴ったから、そうするしか道がなかったという事情もある。

公開情報に基づかない再就職だと、再就職先のポストについて知りえた情報源、時期、その後の求職活動について、政府調査で具体的かつ詳細な回答が必要だ。その過程で仮に役所のあっせんなどが発覚すれば、再就職等規制違反になってしまう。

政府調査で見る人が見れば、誰が違反しているかはすぐにわかるだろう。退職年月日と再就職日で短期間、たとえば一日しかないのに利害関係のある業界に再就職しているようなケースならかなり疑わしい。

過去数代にわたり同一省庁の人間が再就職している組織も、役所のあっせんが何もないとは考えにくい。一人で複数のところに再就職しているのも役所のあっせんが考えられる。

立憲民主党や国民民主党は、民主党政権時に天下りが減り、その後に増えたと主張する。民主党政権の1年目はたしかに天下りは減ったが、これは現役出向という制度を設けた、いわば見せかけの減少だ。

筆者が天下り規制を担当していた時代は、現役世代の若手職員を若いうちに民間企業に出向させ、民間の感覚を経験する制度として現役出向があった。

それが民主党政権で制度の対象者を退職間際の人間にまで拡大した。従来は天下りだったケースを現職のまま出向させるという、信じがたい抜け道をつくってしまったのだ。

現役出向なら扱いは再就職ではなく出向だから、天下りの数が減るのは当たり前だ。出向とはいえ実質は天下りだから、その後に出向が再就職にすり替わり天下りが増えるのも当然だ。

このように、天下り規制には抜け道があり一筋縄ではいかない。「いたちごっこだから規制は無駄だ」と批判する人もいるが、それこそ官僚の思うつぼだ。少なくとも抜け道があるなら、そこを一つ一つふさいでいけば現状よりはましになるだろう。

実際に動いている公務員制度を止めるわけにはいかないから、完璧ではないがいまよりはましという、現実的な対応が求められることも多い。

天下りあっせんなどの規制の抜け道は、官僚ＯＢが行うあっせんには網がかかっていないことだ。人事関係で築いたＯＢを組織し、天下りあっせん禁止に触れないようにする事例もある。

受け入れ側にペナルティがないのも問題だ。監督官庁から要請されたら断りにくいというのもあるが、受け入れ側にメリットがあるからだろう。

国家公務員で天下りや退職人事に関与するのは、一定以上の管理職に限られる。直接は関与していなくても、天下り先への予算や補助金をつける作業をしたことがある官僚も多いだろう。天下り先への監督権限行使の際に処分を手加減した者もいるはずだ。ここに天下りを受け入れる側のメリットがある。役所も退職人事を円滑にしたいから、天下りはなかなか減らない。

問題が発覚した際には、普段から全府省庁を調査できる体制を整えておき、予防線を張っておくことも必要だろう。後発で再就職規制を実施した大阪府・市では、全数調査を第三者の有識者の手を借りて行っており、かなりけん制効果があるようだ。

最近では、内閣官房のホームページで毎年の再就職状況が個人名と再就職先を含めて公開されている。ただマスコミはこれを調査しきれておらず、再就職監視委員会が単発的に調べて違反事例を探しているのが現状だ。

いずれにせよ、毎年の全府省庁調査と、それを精査する第三者を含めた全数チェック体制を整えたほうが天下りの根絶につながる。

川を上り、海を渡れ

財務省が流すウソ（フェイクニュース）に騙されないためには、まず経済と財政に関する基礎知識を身につけておく必要がある。

そのあたりについては、拙著『国民のための経済と財政の基礎知識』（小社刊）を参考にしていただきたい。

最終的には自分なりに考えることができるようになってほしいが、頭のできというのはそう簡単に変わらない。天才は生まれながらにして天才だし、凡人はいつまでたっても凡人だ。

だが、凡人は愚民では決してない。物事の本質を見抜くときは、実は頭のできそのものに左右されない。むしろ大事なのは意識だ。意識の持ち方次第で、凡人は愚民にも賢民にもなる。

世にはびこる言葉の意味を逐一調べるくせをつければ、意識が変わる。そうなれば物事を見る習慣が変わり、世界の見え方も大きく変わる。そうすると、考える深度も精度も高まる。この時点で頭のできはさして関係なくなる。

筆者は大蔵省に入省当初から、意識の持ち方だけは徹底的に叩き込まれた。それを表す言葉が「川を上れ」「海を渡れ」だ。

「川を上れ」というのは時間を遡るということで、歴史を遡って先例に当たることだ。まず先例の有無を調べ、合理性が認められれば、それがどのような結果につながったかを見る。これを徹底すれば、かなり物事の本質が見えてくる。歴史は多くの教訓を含んでいる。

「海を渡れ」とは、海外の事例を参照することだ。そのために信憑性の高い情報源として世界銀行、ＩＭＦ、ＯＥＣＤなどのデータがある。

これを官僚になりたてのころに叩き込まれたから、筆者はいつでも海外ではどうなっているかが気になって仕方ない。むしろ、海外の先例に全く触れずに独自の理論を展開している人を見ると、どうしてそれが気にならないのか不思議なくらいだ。

どちらも、昔は古い統計書を取り寄せたり、高いお金を払って英語の研究書を買ったり、大変な手間がかかっていた。いまでもそれが必要なこともあるが、たいていはネット検索でも十分な情報を得られる。むしろ重要なのは、調べようという意識なのだ。

賢い意識を持つ人間が、自分でものごとを考える賢い国民になる。財務省のウソにだまされないためにも、読者の皆さんにはそこを目指してほしい。

参考文献一覧

髙橋洋一『さらば財務省！　官僚すべてを敵にした男の告白』（講談社、２００８年）
髙橋洋一『【図解】ピケティ入門 たった21枚の図で「21世紀の資本」は読める！』（あさ出版、２０１５年）
髙橋洋一『「年金問題」は嘘ばかり ダマされて損をしないための必須知識』（ＰＨＰ研究所、２０１７年）
髙橋洋一『財務省を解体せよ！』（宝島社、２０１８年）
髙橋洋一『マスコミと官僚の小ウソが日本を滅ぼす』（産経新聞出版、２０１８年）
髙橋洋一『未来年表 人口減少危機論のウソ』（扶桑社、２０１８年）
髙橋洋一『財政破綻の嘘を暴く──「統合政府バランスシート」で捉えよ』（平凡社、２０１９年）
髙橋洋一『ＦＡＣＴを基に日本を正しく読み解く方法』（扶桑社、２０２０年）
髙橋洋一『国民のための経済と財政の基礎知識』（扶桑社、２０２１年）
小村武『［五訂版］予算と財政法』（新日本法規出版、２０１６年）
文芸春秋「財務次官、モノ申す『このままでは国家財政は破綻する』」矢野康治（２０２１年11月号）

※右記のほかに、筆者のＹｏｕＴｕｂｅチャンネル「髙橋洋一チャンネル」を参照。
本文中のデータの多くは国内外の各省庁、国際機関の公開内容から抜粋。
公知の事実関係については、各通信社や新聞社、メディアを参照

高橋洋一（たかはし よういち）

1955年東京都生まれ。数量政策学者。嘉悦大学ビジネス創造学部教授、株式会社政策工房代表取締役会長。東京大学理学部数学科・経済学部経済学科卒業。博士（政策研究）。1980年に大蔵省（現・財務省）入省。大蔵省理財局資金企画室長、プリンストン大学客員研究員、内閣府参事官（経済財政諮問会議特命室）、内閣参事官（内閣総務官室）等を歴任。小泉内閣・第一次安倍内閣ではブレーンとして活躍。「霞が関埋蔵金」の公表や「ふるさと納税」「ねんきん定期便」などの政策を提案。2008年退官。菅義偉内閣では内閣官房参与を務めた。『さらば財務省！』（講談社）で第17回山本七平賞受賞。その他にも、著書、ベストセラー多数。

扶桑社新書 428

財務省、偽りの代償
国家財政は破綻しない

発行日 2022年5月1日　初版第1刷発行

著　　者………高橋 洋一
発 行 者………久保田 榮一
発 行 所………株式会社 扶桑社
〒105-8070
東京都港区芝浦1-1-1 浜松町ビルディング
電話 03-6368-8870（編集）
03-6368-8891（郵便室）
www.fusosha.co.jp

DTP制作………Office SASAI
印刷・製本………株式会社 広済堂ネクスト

定価はカバーに表示してあります。
造本には十分注意しておりますが、落丁・乱丁（本のページの抜け落ちや順序の間違い）の場合は、小社郵便室宛にお送りください。送料は小社負担でお取り替えいたします（古書店で購入したものについては、お取り替えできません）。
なお、本書のコピー、スキャン、デジタル化等の無断複製は著作権法上の例外を除き禁じられています。本書を代行業者等の第三者に依頼してスキャンやデジタル化することは、たとえ個人や家庭内での利用でも著作権法違反です。

©Yoichi Takahashi 2022
Printed in Japan　ISBN 978-4-594-09126-2